西藏民俗

陳立明　著

第五章・鬥智鬥勇 怡情益智 —— 西藏遊藝競技

引言
西藏民俗：蘊含濃郁雪域高原神韻的壯闊畫卷

　　平均海拔四千米的青藏高原，矗立於地球之巔，被人們形象地稱為「第三極」。千百年來，生活於這片高天厚土、神奇大地上的西藏人民，創造了輝煌燦爛的民族文化。

　　西藏民俗是西藏文化的重要組成部分。西藏民俗，蘊含著濃郁的雪域高原神韻。

　　西藏民俗文化的形成和發展經歷了一個漫長的歷史過程。

　　至遲在五萬至一萬年前，青藏高原便有古人類的活動足跡。西藏民俗文化濫觴於距今四五千年前的新石器時代。西藏昌都卡若和拉薩曲貢兩個原始村落遺址的發現，為我們提供了一幅西藏遠古先民生活的圖景，展示了西藏遠古先民的衣食住行以及佩戴裝飾等物質和精神生活的基本風貌。

　　唐朝時期的西藏即吐蕃政權時期，是西藏文化大發展的時代，也是西藏民俗文化走向興旺繁盛的時期。在吐蕃時代就已成形的民俗生活基本範式一直綿延發展，影響至今。

　　吐蕃之後的一千多年間，隨著西藏社會的發展變化和各民族間文化交融，西藏民俗文化得以不斷發展和豐富，成為西藏文化的重要組成部分。

　　西藏民俗文化源遠流長，自成體系，具有鮮明的特徵。

地域性特徵

地域性特徵是西藏民俗文化區別於其他民俗文化最顯著的特徵之一。

西藏地處世界屋脊，其北部是崑崙山脈和唐古拉山脈，中部是岡底斯——念青唐古拉山脈，南部是喜馬拉雅山脈，東部是橫斷山脈，這些高大的山脈構成了高原地貌的骨架。西藏的地勢和地形結構可分為藏北高原（包括阿里高原），地處崑崙山、唐古拉山和岡底斯——念青唐古拉山之間，藏語稱之為「羌塘」（意為北部高地）的廣大地域；藏南谷地，位於岡底斯——念青唐古拉山和喜馬拉雅山之間，包括雅魯藏布江及其主要支流拉喀藏布、年楚河、拉薩河、尼洋河等流域；喜馬拉雅山地，主要指喜馬拉雅山脈南坡和東南坡；藏東高山峽谷區，即西藏最東部的怒江、瀾滄江和金沙江峽谷地帶，地處橫斷山區。

獨特的自然地理環境造就了獨特的西藏民俗文化。遼闊的藏北高原地勢高

▲ 雄奇的高原

寒，平均海拔四千米以上。境內有眾多的湖泊和縱橫的水系，是野生動物的樂園和天然牧場。人們世代逐水草而居，創造了具有鮮明地域特色的高原游牧文化。藏南谷地海拔在二千七百至三千七百米之間，這裡土層深厚，土壤肥沃，適宜農耕。人們從「猴子變人」的神話時代開始便從事農耕活動，延續至今，創造了西藏的農耕文明。雅魯藏布江中游河谷平原，是西藏遠古文明的重要發祥地，相傳西藏最古老的居民首先出現於此。西藏的第一塊農田、第一座房屋、第一代贊普，無不與雅礱河谷相連繫。藏東三江流域屬高山峽谷區，江河切割，溝壑縱橫，氣候呈立體分布。人們從事半農半牧的經濟活動，依山勢建屋聚族而居。喜馬拉雅山南坡和東南坡氣候溫和，多雨潮濕，森林密布，動植物資源豐富，決定了人們的生產活動方式長期以採集和狩獵為主，兼事刀耕火種的傳統農耕。正是地理環境的差異決定了人們生產生活方式的差異。

地域性特徵是西藏民俗文化區別於西藏高原以外其他民俗文化的顯著標

▲ 墨脫縣境內的雅魯藏布江果果塘大拐彎

▲ 松贊干布墓頂寺內供奉的松贊干布、文成公主、尺尊公主塑像

誌。同時，在青藏高原內部又有許多小的地理單元，正如藏族諺語所講的「每一個喇嘛有一個教派，每一個地方有一種方言」那樣，不同地區的文化又帶著顯著的地域色彩，它們共同構成了西藏民俗文化多姿多彩的風貌。

民族性特徵

西藏民俗文化是由西藏各民族共同創造的。藏族主要居住於雪域高原，而門巴族、珞巴族、僜人和夏爾巴人生活於喜馬拉雅山南坡和東南坡的廣大地域。他們共同生活於西藏高原，都有自己對西藏民俗文化的創造和貢獻。從語言到婚喪嫁娶，從信仰、節日到衣食住行，在民俗文化的方方面面都有著濃郁的民族特色。西藏民俗文化表現出的民族性特徵，又與其地域性特徵有某種一致性。

西藏各民族雖有各自相對獨立的地理單元，但他們共同生活於青藏高原這一地域範圍，彼此間交往歷史久遠，政治、經濟和文化的連繫十分緊密。西藏

各民族創造的民俗文化，共同構成了多元整一、色彩斑斕的西藏民俗文化。風情習俗是民族的標識和徽記。西藏民俗文化折射和展示出西藏各族人民的精神風貌。

互融性特徵

西藏民俗文化的互融性特徵，表現在對外來文化的兼收並蓄、各民族文化交流互融和宗教與世俗互融統一等多個方面。

西藏地處亞洲腹地，是東亞、南亞和中亞的連接帶和樞紐。從文化地域看，又處於東方文化、南亞文化和中西亞文化相接觸、撞擊的交會點上。自古以來，西藏就同周邊地區有著交往和連繫。遠在新石器時代，西藏同中亞和南亞就有文化交往，西藏文明與黃河流域文明有著緊密的連繫。在吐蕃時期和吐蕃時期以後，西藏同周邊地區尤其是同中原地區在政治、經濟和文化上的交往

▶ 具有濃郁南亞風格的千年古寺強真寺（位於吉隆縣）

進一步擴大。印度、尼泊爾佛教文化，中原儒家文化，對西藏文化的發展都產生了重大影響。西藏文化對外來文化兼收並蓄的吸收過程，也是一個不斷改造融合的過程，在吸收新文化時不斷注入本民族的文化精魂，對外來文化經過選擇和取捨將其融入本土文化結構中。因此，西藏文化始終未失去自己的個性，成為獨樹一幟的高原文化。

西藏民俗文化有著宗教性與世俗性、神聖性與娛樂性互融統一的特點。

時代性特徵

民俗文化是歷史的創造物。任何民俗文化現象都是該民族千百年來創造的文化因子的積澱和熔鑄。民俗文化既有歷史的傳承性，又因社會的發展而不斷發展和變化，呈現出特定時代的文化風貌。在西藏民俗文化發展史上，卡若文化、吐蕃文化和封建農奴制文化都帶著鮮明的時代印跡。

▼ 雍布拉康與雅礱河谷

隨著西藏社會的變革和經濟的發展，隨著對外開放的擴大和現代化進程的推進，人們的生產生活方式、思想文化觀念都發生了許多變化。這些變化，表現於民俗文化的方方面面。無論是衣食住行、婚喪嫁娶還是節慶遊藝，無不表現出鮮明的時代變遷與歷史進步。

　　當代社會日新月異，西藏民俗文化在新的時代呈現出更加瑰麗多姿的風貌。

第一章

茶醇酒香 色彩斑斕
── 西藏生活民俗

一 飲食習俗

俗語說，民以食為天。一個民族飲食習俗的形成，主要受制於其居住地域特定的自然環境、氣候、物產以及由此伴生的特定生產和生活方式。世代居住於雪域高原的藏族人民，其飲食習俗帶有濃厚的高原特色。

1、飲食類別

藏族日常生活中的飯食，因農區（含半農半牧區）和牧區生產方式的不同而有較大差異，其製作方式各地亦有所不同。從總體上看，藏族傳統的日常飲食主要有糌粑、麵粉（冬小麥）、肉類和奶製品。

糌粑是藏族的主食。糌粑是用青藏高原高海拔地區特有的一種麥類作

▲ 西藏主要農作物青稞

物——青稞（藏語稱為「芳」）經加工磨製而成。糌粑的磨製在藏區各地大同小異，將青稞炒熟後用水磨或手磨磨成麵粉即為糌粑。

在藏區磨糌粑多用水磨。水磨房通常建在有一定水流落差的河溪山澗旁，利用水力推動葉輪帶動水磨。在一些水流較緩的江河地區，通過人工開挖水渠引入江水，於較大落差處修建水磨房。手磨在藏區也廣泛使用，尤其在牧區，手磨幾乎為每戶必備之物，這是因為手搖小石磨攜帶方便，適應牧民居無定所的游牧生活。

除水磨和手磨外，現在西藏普遍使用上了電磨。以電作動力，人們從繁重的手工勞動中解放了出來。

▲ 青稞脫粒

▲ 扎囊縣農民下地勞動時，中午就在地頭生火熱酥油茶、抓糌粑進餐。

作為一年四季的主食，糌粑的吃法很多，最常見的是「瑪粑」抓糌粑：取一木碗或瓷碗，倒入熱茶，內放一塊酥油，再放入適量糌粑，根據個人口味和喜好還可加入少量碎奶渣或白砂糖，用手調和均勻後抓捏而食。糌粑的另一種吃法稱為「覺瑪達」，是用酥油茶拌和糌粑粉、奶渣、白砂糖後攪成稀糊狀，多在早餐或加餐時食用。

「土巴」是藏族人喜歡的食物，是用糌粑、肉丁、麵塊、蘿蔔等煮製的粥

▲ 加工酥油

類食品，多作晚飯。做「土巴」時，多搓揉成麵片或搓捏成麵疙瘩。糌粑還可用來煮製「觀顛」（青稞酒粥）作為飲品，即青稞酒加熱後放入酥油、奶渣、紅糖和適量糌粑，這是過年和招待貴客親朋時的上等佳品。

冬小麥「卓」或「袞卓」是又一類藏族主食。冬小麥的吃法比較單純，多是磨成麵粉後做烤餅吃。出門旅行或外出勞作，「巴勒」（烤餅）是常帶的食物。麵粉還可做藏式麵條，也是做「土巴」不可或缺的原料。

牛、羊肉是藏族日常生活的重要食品，更是廣大牧區牧民生活的主要食品。人們一般將鮮肉或凍肉用清水煮熟，用小刀切割食用，也可砍成小塊燉蘿蔔或切為肉丁煮「土巴」吃。牛羊的宰殺多集中在深秋和初冬季節，經過夏季和秋季的牧養，此時的牛羊膘肥肉滿，而在寒冷的季節屠宰肉容易保存。在屠宰季節，人們還灌製血腸和肉腸。血腸是宰殺牛羊時用新鮮的牛血或羊血混合少許糌粑和切碎的牛羊肝、心、油等，並加上鹽和調料灌入清洗過的小腸而成，肉腸則是將切碎的肉、動物油拌以鹽等佐料灌製。血腸和肉腸是人們十分喜愛的食品。

風乾牛羊肉是極具特點的肉類食品，深受人們的喜愛。西藏各地都有製作風乾牛羊肉的習慣，而以藏北草原和羊卓雍湖一帶的乾肉質量最佳。在藏北冬宰季節，各家各戶都做風乾肉：將肉切成約尺餘長寸餘寬的長條，碼放於用石頭或牛糞堆砌成的圓形儲藏窖內。藏北的冬季天寒地凍，氣候寒冷乾燥，牛羊肉經數月自然風乾後，味道清純，口感酥脆。

西藏是以牧業和半農半牧為主的地區，牛羊等牲畜飼養多，奶類製品是人

們日常生活的主要食品之一。奶類食品主要有鮮奶、酸奶、乾酪和酥油等。酸奶藏語稱為「雪」，乾酪俗稱奶渣，根據奶渣的口味、品質、乾濕等分為酸奶渣、甜奶渣、乾奶渣、濕奶渣等。奶渣是人們日常飲食和外出勞作的必備食品。

酥油是藏族飲食結構中的重要構成部分。酥油藏語稱為「瑪爾」，是直接從牛奶或羊奶中提煉出來的。酥油不僅供自家食用，還是換取糧食、物品和交易買賣的重要商品。

擠奶和提煉酥油是十分枯燥而又艱苦的勞作，勞動強度很大，主要由婦女承擔。性格樂觀、天性活潑的藏族婦女在勞動中創作了許多與勞動節奏相協調的旋律優美的歌曲，如擠奶歌、打酥油歌、放牧歌等，邊勞動邊吟唱：

擠奶子就要這樣擠！
我擠唐桑母牛的奶子這樣擠：

▲ 提煉酥油的木桶

金奶桶朝前傾一傾，

衣袖朝上捲一捲；

奶水呵像流星一樣射，

奶面呵像黃金一樣亮！

我的母牛唐桑呵：

當你在山上吃草的時候，

我喊聲「可可」你就回來——

從山上回到擠奶場。

母牛呵，

你不想我這擠奶員？

唐桑呵，

想你這可愛的小牛也該回來。

這是一首流傳於阿里牧區的擠奶歌，歌曲旋律舒緩優美，其節奏與擠奶動作的節奏相一致，優美動聽。

在西藏各地，提煉酥油的傳統方法目前仍然隨處可見，但隨著奶油分離器等電動或機械器具的推廣和使用，人們正逐漸從繁重的勞作中解放出來。

隨著經濟的發展和生活條件的改善，藏族的飲食觀念、飲食結構和飲食習慣正在發生變化，漢餐、西餐進入了城鎮和鄉村的尋常百姓家。就主食而言，大米飯、漢式麵條（藏語稱為「甲土」）、餃子、麵包等已成為城鎮人們的日常食品；大米、麵粉、麵條（掛麵）在西藏農區和牧區也不鮮見，也是人們的日常主食。

與高原物產和飲食文化相連繫，藏式菜餚特色鮮明，自成體系。

藏式菜餚原料均取自高原本地，如葷菜多為牛、羊肉及其內臟，也有雞、魚、雞蛋等菜品，素菜則有菌類、土豆、蟲草以及奶酪類製品。其烹製有蒸、煮、炒、炸、燉、涼拌等方式。

▶ 納木錯湖畔的羊群

▶ 擠羊奶

　　常見的特色菜品有:「洛畏」（炒羊肺）、「魯久扎瑪」（油炸血腸）、「各夏卡察」（辣味頭肉）。與「各夏卡察」齊名的還有「卓巴卡察」（辣味肚片）、「庶扎」（炸排骨）、「色夏瑪扎」（烤蘑菇）、「夏金」（生肉醬）等。藏式菜餚還有咖哩土豆、辣味土豆、炸雞蛋、蘿蔔燉牛肉、蟲草燉肉、炒雞蛋等。

　　過去人們種植和食用蔬菜較少，蔬菜品種主要有蘿蔔、土豆和小白菜，品種單一。牧區幾乎不食蔬菜，人們日常所需的維生素主要從飲茶中獲取。如今，蔬菜已在西藏廣為種植，塑料大棚和溫室技術的運用使西藏一年四季均有

▲ 風乾肉

▲ 血腸

▲ 曲讓（奶渣）和曲退（奶酪糕）

▲ 卓瑪折塞（人參果米飯）

品種豐富的蔬菜供應。不僅城鎮居民大量食用新鮮蔬菜，農民和牧民也習慣了食用蔬菜，「tshal」（漢語「菜」的音譯）和「sngo-tshal」（漢語「青菜」的翻譯）等新詞語的廣泛使用，說明了人們飲食結構的變化和改善。

藏族人在口味上普遍嗜辣，辣椒和花椒是烹製菜餚時的主要佐料。

有一些食品和菜餚平時少見，而多在年節慶典、婚嫁等特殊場合才烹製，主要有「曲退」（奶酪糕）、「瑪饊」（糌粑油糕）、「卓瑪折塞」（人參果米飯）、「觀顛」、「卡塞」（油酥點心）等。

與烹製藏式菜餚相對應，藏餐的主食除日常的糌粑、米飯和麵餅外，還有「夏帕勒」（肉餅）、「夏饃饃」（肉包子）、「土巴名達」（什錦米粥或八寶粥）、「索岡比希」（油煎肉包子）、「卓饊」（麵粉油糕）、「中察」（肉湯燴飯）等，品種十分豐富。

傳統藏宴有「嘎卓」（素宴）和「瑪卓」（葷宴）之分。素宴以奶酪和蔬菜類菜餚為主，葷宴待客則以各式肉類菜餚為主。

藏族零食種類多，常見的有：「月」（炒青稞）、「珍瑪」（炒蠶豆）、「曲讓」（奶渣）、「曲退」、「卡塞」。此外，零食中還有各種時鮮水果和果乾。西藏南部低海拔地區產核桃、杏子、桃子等堅果和水果，當地人採摘後多製成果乾以便交換和出售。有條件的人家還購買產自尼泊爾、印度等國的瓜果製成果乾食用。

現在，藏族人的零食品種更加豐富，遍布城鄉的大小商店各種物品和食品應有盡有，集市上各種時令水果和果乾任由選購。當然，在廣大農牧區傳統零食仍充當著主要角色，像「退」「卡塞」這些過去年節慶典時才能吃到的食品今天已不再是稀缺之物，人們可以隨時製作食用。

藏族的日常飲料有兩大類，即茶和酒。茶有酥油茶、甜茶（奶茶）、清茶等，以酥油茶最為盛行；酒有青稞酒和藏白酒，以青稞酒最為著名。此外，現在無論在城市還是鄉村，各種品牌的白酒、啤酒和可樂等飲品已逐漸為人們所接受。

▲ 酸奶渣

藏族飲茶歷史久遠，可追溯到吐蕃時代。藏文典籍《漢藏史集》中，有專門的章節對茶葉進行分類，詳細記載了十六種茶葉的產地、特徵、烹製和功用，足以證明藏族飲茶歷史的悠久和對茶葉精深的瞭解。藏語稱「茶」為「檟」，是來自於漢語的文化藉詞，反映了藏漢民族源遠流長的經

▲ 奶渣與風乾肉

濟、文化交流。

酥油茶在藏族人日常生活中不可或缺。酥油茶的製作，是藏族飲食文化的一大發明，是在同漢族互通有無的經濟往來中結合自身的環境和物產條件發明的，對藏族飲食結構的改善產生了重要的影響。酥油茶極富營養，酥油脂肪含量高，能產生大量熱量以禦寒，而茶葉中富含茶鹼、維生素和微量元素，具有健胃生津、消食解膩的作用，適合高原以肉、奶等高脂肪、高動物蛋白為主要食物的民族飲食結構的需要。茶葉最初被視為治病療疾的珍稀之物，隨著西藏與內地「茶馬互市」的興盛和發展，茶與藏

▲ 打酥油茶

族人的生活連繫越來越緊密，逐漸成為人們日常飲食、迎客送禮、婚慶節日的必備之物，並形成獨具藏族特色的茶文化。

甜茶也是人們十分喜歡的飲品，尤其在拉薩、山南、日喀則等城鎮，甜茶館生意興隆。

飲料中另一大門類便是稱為「羌」的青稞酒。藏族飲酒的歷史遠遠早於飲茶。

在目前所知的最古老的吐蕃文獻中，不乏對釀酒和飲酒的記載。青稞酒的釀製方法西藏各地大同小異，為複式發酵法，其釀製過程一般為：將顆粒飽滿的優質青稞用清水淘洗乾淨，除去石子兒、麥皮等雜質，用清水浸泡後放入鍋內，摻適量水用中火和小火煮兩小時左右，邊煮邊攪拌；將煮熟的青稞均勻攤晾於毯子或蓆子上，在青稞酒糧溫熱時拌以酒麴，並盛入陶製酒罈，密封壇

口，用被毯或衣物包裹，酒罈周圍鋪塞以乾草或糠秕。釀酒所需時間夏天一般為兩三天，冬天為一週左右。酒糧發酵好後，加入涼開水或清水，幾小時後便釀成酒香四溢的青稞酒。每罈酒糧可加水釀製三四次，釀出的酒被稱為頭道酒、二道酒、三道酒。頭道酒濃稠，色澤黃裡泛青，味道醇厚甘甜，酒香濃郁，是敬神待客的上等佳釀。二道酒味道稍淡，甜裡帶酸，清冽甘美，飲後沁人心脾。第三道、四道酒色澤較差，甜味淡而酸味濃，人們常作為解渴的飲料，帶到田間地頭邊勞作邊飲用。為了使酒濃淡適宜，人們釀酒時多是將幾道

▲ 酥油茶是藏族人家早餐中不可缺少的飲品。

酒摻和、調勻飲用，只留少許頭道酒以作品嚐或敬神招客之用。

　　過去人們釀「羌」和「博讓」（藏白酒）主要是自飲自用，如今藏酒已走出家門、邁出藏地，甚至跨出國門，青稞酒和青稞白酒以其馥郁的芳香和至純的品質深得人們青睞，有廣泛市場。藏酒不僅傳播了藏族的酒文化，作為一種具有潛力的產業，它也同藏族的飲食文化、旅遊文化相結合，為藏區經濟的發展發揮著積極作用。

　　在酒類飲料中，啤酒已經進入了人們的日常生活中。在城鎮，啤酒已成為人們日常生活中常見飲品，更是婚喪嫁娶、團聚送別等聚會的首選飲品。

　　除了茶和酒類飲料外，礦泉水、碳酸類飲料和保健飲料也在現代藏族人的生活中占有一席之地。利用藏地特有植物「紅景天」製成的保健飲料，具有明顯的抗缺氧、抗衰老的作用，成為市場上的搶手貨。西藏各地生產的礦泉水，通過青藏鐵路源源不斷供應藏區內外市場，深受喜愛。

▲ 豐盛的藏式菜餚

名稱	主要材料	口感風味
糌粑	熟青稞麥粉、酥油	奶香、淡甜
土巴（藏粥）	麵塊、肉丁、蘿蔔等	香味濃厚
雪（酸奶）	鮮犛牛奶	酸甜、爽口
博士（藏麵）	小麥麵條、犛牛肉丁	湯料鮮美、麵條筋道
夏饃饃（肉包子）	犛牛肉、小麥麵、蔥	皮薄餡大、鮮美多汁
卓瑪折塞（人參果米飯）	人參果、米飯、糖	甜而不膩、營養豐富
咖哩土豆	新鮮土豆、咖哩粉	味濃
風乾肉	犛牛肉	酥鬆、味濃
曲讓（奶渣）	乾奶渣	奶香、酸甜
卡塞（油酥點心）	麵粉、酥油	色澤金黃、香酥可口
夏金（生肉醬）	新鮮犛牛肉、辣椒	香辣
退（奶酪糕）	奶渣、紅糖、酥油	奶香濃郁、酸甜
月（炒青稞）	青稞	香脆可口

2、餐飲器具

藏族炊具分為陶製、石製、木製和金屬製等類，其中以陶器類製品最為古老，至今仍廣泛使用，石製和金屬類炊具亦頗具特色。

藏族使用陶器的歷史可上推到距今四五千年前的新石器時代。昌都卡若遺址出土陶片兩萬多片，能夠辨認器型者有一二三四件，分罐、盆、碗三種。從新石器時代直至近代和現代，藏族使用陶器的歷史從未中斷，陶制炊具品種多樣。日常生活中常見有雙耳大陶罐「括瑪」，主要用於煮粥熬茶；肚大嘴小、有把有蓋的陶壺「括底」，用於盛放酥油茶；口大底平的陶鍋「巴朗」，用於烙餅；還有稱為「天括」的陶爐等。

除陶製炊具外，石鍋亦曾是人們經常使用的炊具。阿里扎達縣古格遺址曾出土了大量的石鍋和石罐。石鍋是用一種特有的石頭鑿制而成，用其燉肉、做菜可保持原味。

金屬類炊具有鐵鍋、鋁鍋和銅鍋。稱為「漢陽」的鋁鍋在西藏十分流行，過去幾乎每家每戶都有幾口大小不同的「漢陽」鍋。銅鍋「桑」的使用也十分普遍，熬茶、燒水、做飯離不開它。銅鍋造型美觀，平時鍋沿擦拭得光亮照人，不啻於一件藝術品。銅鍋有大、中、小型號，寺廟中特製的巨型大銅鍋（銅釜）熬茶煮粥可供數百僧人同時進餐。

藏族人喜歡使用銅質器皿，如煮飯燒茶的銅鍋、盛水的銅水缸、舀水的銅瓢、盛茶的銅茶壺，等等。銅瓢和銅水缸可謂是藏族廚房陳設中的一景，一般家庭都擺放有一排擦得光潔錚亮的銅水缸和水瓢，十分醒目和美觀。

藏族餐具有各種質料的碗、盤、盆、缽等。木碗多產於西藏南部多林木地

▲ 木碗

區，以門隅所產木碗最為有名。阿里普蘭一帶也產木碗。木碗是用白樺木或雜木的樹瘤加工製成，工序複雜，技術要求高，製作難度大。木碗因質料、加工精細程度和大小等分為若乾等級，價格差異懸殊，一個優等「雜雅」木碗不鑲銀邊過去就值一百多兩藏銀，價格昂貴且不易求購。現在一個優質木碗價值數百元至數千元不等，中等木碗需幾十元至數百元。藏族人喜愛木碗原因有三：一是木碗經久耐用，攜帶方便；二是木碗盛茶、酒有一種特殊的香味，盛食不變味，飲用不燙嘴；三是木碗大多製作精美，造型豐富，木紋別緻，色澤明亮華麗。一個個木碗就是一件件精緻的工藝品。木碗的實用性和審美性賦予了木碗神奇的品格，令人們格外珍視。有一首流傳很廣的藏族民歌道出了人們同木碗的密切關係：

領著情人吧害臊，

丟下情人吧心焦。

情人若是個木碗，

揣在懷中有多好。

西藏所用瓷碗瓷器除部分為本地所產外，大量來自漢地。在西藏博物館、布達拉宮以及許多著名古寺如薩迦寺、扎什倫布寺、噶瑪寺中珍藏著為數不少的元（1206-1368）、明（1368-1644）、清（1616-1911）時代瓷器精品，殊為珍貴。民間也廣泛使用瓷碗，作為待客時敬茶、獻酒、盛飯的餐具和飲具。過去瓷碗價格高，許多人家都珍藏有祖輩們傳下來的瓷碗。現在瓷碗仍是藏族人最喜愛的飲酒、喝茶的器具。

如同其他生產、生活用品一樣，藏族的飲具、餐具和炊具在當代生活中也發生了許多新的變化。除了古老的陶罐，「漢陽」鍋、酥油桶、木碗等器皿，高壓鍋、電飯鍋、玻璃製品、不鏽鋼炊具和餐具等現代工業製品也大量進入普通人家，日常生活中處處都能見到傳統與現代的混融交會。

◀ 藏餐廳外景

◀ 藏餐廳內部環境

3、飲食禮儀

　　藏族是一個十分講究禮儀的民族。藏族的飲食禮儀深刻地反映著藏族的倫理觀念。平時，家人和鄰里和睦相處，尊老愛幼，誠信待人。家中釀了好酒，頭道酒「羌批」（酒新）敬獻神靈後，首先由老人品嚐。每年新收割糧食，「嘗新」也是老人們的專利。日常家庭就餐，由主婦掌勺分發食物時，首先是為長

者盛，然後全家人圍聚火塘旁進餐，其樂融融。藏族人十分好客，待客熱情周到，若有賓朋登門，定會傾其所有，拿出好酒好茶好菜盛情款待。

藏族飲茶和飲酒禮俗很多。平時在家喝茶各自用自己的茶碗，不能隨便用他人的碗。喝茶時，碗中的茶不能隨便喝乾，而是喝一半或一大半，勘滿後再喝，最後結束喝茶時也不能全部喝乾，而要留下少許，表示茶永遠喝不完，財富充足，寓意頗深。若客人到來，女主人會取出珍藏的擦拭得光亮照人的瓷碗擺放在客人面前，端起茶壺輕輕搖晃數次（壺底須低於桌面），斟滿酥油茶後雙手端碗躬身獻給客人。客人接茶後不能急匆匆張口就飲，而是緩緩吹開浮油，飲啜數次後碗內留下約一半，將茶碗放在桌上，女主人會續滿，客人不能立刻端起就飲，而是在主人一次次敦請下邊同主人聊天邊慢慢啜飲。客人每次飲茶後主人會很快添滿，使茶碗保持盈滿狀態。

藏族飲酒的禮儀和習俗極為豐富。每釀新酒，必先以「酒新」敬神，然後依循「長幼有序」的古訓首先向家中的長者敬酒，其後家人才能暢飲。在節日

▲ 準備藏餐宴

婚慶或眾人聚會場合，飲酒一般是先向德高望重的長者敬獻，然後按順時針方向依次敬酒。敬酒者一般用雙手捧酒杯舉過頭頂，敬獻給受酒者，特別對長者更是如此。受酒者先雙手接過酒杯，然後用左手托住，再用右手的無名指輕輕地蘸上杯中的酒，向空中彈一下，如此反覆三次，有的人口中還要輕聲念出「扎西德勒平松措……」等吉祥的祝辭，然後再飲。彈酒三次表示對天、地、神的敬奉。

飲酒時不能一飲而盡，要遵循「松珍夏達」的「三口一杯」制。在彈酒敬神後，受酒者應先飲一口，敬酒者續滿酒杯，受酒者再飲一口，敬酒者又續滿酒杯，受酒者第三次飲一口，斟滿後將杯中酒一飲而盡。滴酒不剩者，才是最有誠意的。

有酒就有歌。藏族酒歌曲調悠揚，優美動聽，內容多為祝福、讚美之辭。敬酒人有時邊唱邊舞，聲情並茂；也有即興演唱的，詼諧幽默。

我們在此相聚，
祈願永不分離。
祝福聚會的人們，
永遠無災無疾。

這是一首廣泛流傳的酒歌，在西藏各地都能聽到。歌詞簡樸卻飽含深情，表現了人們對歡聚的祈盼與珍視和對無病無災的美好生活的嚮往與祝福。

4、飲食禁忌

藏族的飲食禁忌集中反映在忌食某些類別的食物和對鍋灶火塘的禁忌上。

在食肉方面，藏族禁忌較多。一般人只吃牛羊肉，而不吃馬、驢、騾、狗肉，有的老人連雞肉、豬肉和雞蛋也不食用。魚、蝦、鱔以及其他海鮮類食品，除部分城鎮居民（大多為青年人）少量食用外，廣大農區和牧區的群眾從

不購食。兔子肉在個別地方可食，但孕婦不能食用，人們認為孕婦吃兔子肉會生下豁嘴的孩子。即使是吃牛羊肉，也不能吃當天宰殺的鮮肉，必須一天後食用。當天宰殺的肉稱為「寧夏」（nyin-sha，意為「當日肉」），人們認為牲畜雖已宰殺，但其靈魂尚存，必須過一天後靈魂才會離開軀體。對鳥類、山雞從不捕食，尤其如「拉恰貢姆」這樣的藏雪雞人們視之為神鳥，忌諱捕獵。

在肉食禁忌中，忌食魚肉的情況較為複雜，忌食與否與地域密切相關。在西藏東部地區，人們幾乎不食魚，也不能觸摸蛇、蛙等動物，認為魚、蛙這些水生動物是龍神的寵物，若傷害或觸摸會染上疾病。人們一般認為藏族不食魚是受佛教不殺生觀念的影響所致。今天，拉薩、日喀則、山南等地的城鎮居民部分人吃魚，而廣大農區和牧區，尤其是藏東地區絕大多數人至今仍然不吃魚蝦類食品。

▲ 傳統火灶

在飲食禁忌中，藏族人對吃大蒜有較多的禁忌。大蒜作為調味品平時人們亦食用，但如果要去轉經、拜佛、朝聖則絕對不食蒜，一些信仰虔誠的信眾從來不吃大蒜。

藏族對火灶有神聖的敬畏之情，認為火塘中有灶神，需小心伺候，絕不能褻瀆得罪灶神，否則會帶來災難。平時嚴禁跨越火灶，忌諱往火灶裡吐痰，在灶中燒骨頭、皮毛等物。火塘要保持乾淨，不能將不潔的東西放在火灶旁，坐在灶邊時，不得把腳擱到灶上，清掃垃圾不能將垃圾投入火灶內焚燒，也忌諱直接在火上烤肉。行人外出時，需向灶神祈禱以求護佑。在野外，用三塊石頭搭建的火灶，離開時也需清理乾淨，每塊灶石上放置少許茶葉或食物，以示對灶神的祭奉。

二　服飾習俗

西藏服飾文化的淵源可追溯到距今四五千年前的新石器時代。

西藏服飾既有悠久的歷史，又有鮮明的區域性特徵。藏族生活在遼闊的青藏高原，地處不同的地理環境，受不同區域文化的影響，其服飾習俗存在著明顯差異。藏北和阿里高原牧區、「一江兩河」（即雅魯藏布江和拉薩河、年楚河）流域的衛藏農區、多雨潮濕的林芝林區和地處三江流域呈立體氣候的昌都地區，其服飾都有著各自的特點。此外，職業、階層和社會地位的不同也都在人們日常和特定場合服飾的穿戴上留下了深刻印記。

▲ 藏北草原牧民女子的服飾

今天，西藏傳統服飾如同其他傳統文化一樣，也受到現代社會的衝擊。西裝、牛仔、漢裝以及現代時裝在西藏城鎮和鄉村隨處可見，一款款美觀、方便、新潮的藏裝也應時而出。在傳統與現代的碰撞中，西藏的服飾呈現出多姿多彩的風貌。

1、男性服飾

農區和牧區男性服裝在質料和款式上有較大的差異。

阿里、那曲和昌都部分地區的人們以牧業為主。游牧的生產方式和高寒的地理環境，決定了牧民服裝保暖禦寒、實用方便、利於行旅的基本要求。牧民以衣皮袍為主。皮袍是用土法鞣製加工的綿羊皮縫製，既經久耐用又抵風禦

▲ 那曲牧民的服飾

▲ 藏族老爺爺

寒。皮袍結構肥大，袍袖寬敞。白天陽光充足氣溫升高時，可方便地脫掉右臂或雙臂，以調節體溫，便於勞作。夜晚解開腰帶可和衣而眠，皮袍兼作被褥。男式皮袍在襟、袖和下襬用黑絨鑲邊，邊寬十至十五公分。富裕的牧民則用豹皮和水獺皮鑲邊。與皮袍相配套的是腰帶，穿時，皮袍下部長及膝蓋，用腰帶束緊，上部十分寬鬆。腰帶上常綴掛火鐮、小刀、鼻煙壺、銀元等裝飾品。

　　農區的服裝多以黑氆氌為原料。「氆氌」是藏語音譯，是一種手工紡織的厚毛織品，保暖性能好，且結實耐用，是西藏農區製作衣服的主要原料。男女的外衣稱作「曲巴」，款式為長袖、寬腰、大襟。左襟大，右襟小，在右腋下釘一顆鈕釦。也有的用綠色或藍色綢布做兩條寬五釐米、長二十釐米的飄帶，穿時結上，不用繫扣。在藏袍的領子、袖口、襟和底邊鑲綢子或彩色布。山南藏族男子喜穿白色或棕色氆氌縫製的曲巴，在藏袍的領口鑲寬約六釐米的「加洛」（一種間隔有十字圖案的花氆氌），十分美觀。日喀則一帶還流行用黑氆氌製成的男式套裝，上衣款式為立領、右衽，衣服上綴有幾顆銅釦，下裝為寬鬆的氆氌褲。人們在夏季還穿用氆

▲ 藏族中年男子

氆氇縫製的稱為「堆通」的短上衣，其式樣為立領、右衽，領口鑲金邊。

從地理單元上劃分，工布地區屬於衛藏的範疇，但工布地區海拔較低，境內森林密布，多雨濕潤，人們的經濟活動以農業和採集狩獵業為主。為適應獨特的氣候環境和生產活動，工布人創造了獨具特色的「古休」服裝。「古休」由獸皮、山羊皮和氆氇等質料製成，其基本結構為無袖、圓領、套頭，形似坎肩。城鎮居民的傳統服裝與農區並無大的差別，只是服裝的面料豐富一些。

2、女性服飾

女性服裝在色彩、款式、裝飾等方面均比男服豐富，表現了女性愛美的天性。

牧區婦女服裝同男性服裝一樣以皮袍為主，結構也相似，但牧區婦女的袍面裝飾色彩豐富。藏北女袍有許多寬大的色帶，並排裝飾於皮袍表面，色彩為黑、紅、綠、藍、紫五彩，彩飾有五至七條，每條寬五六釐米，還在襟、袖口和下襬鑲以黑色羊絨和燈心絨作邊，十分美觀。昌都一帶婦女在閒暇和節慶時穿一種用羊羔皮縫製的皮袍，在衣襟、袖口和下襬鑲綴水獺皮。農區婦女的服

▲ 阿里地區普蘭縣科迦婦女服飾

裝多以氆氌作料，分有袖和無袖兩種。夏季穿無袖袍，冬季寒冷時穿長袖袍，婦女的內衣色彩豐富，用各色綢布縫製，翻領，長袖。有的袖管長可及地，平時捲起，跳舞時放下，彩袖飛舞，舒緩飄逸。

農區以及城鎮婦女繫藏語稱為「邦典」的圍裙。圍裙是用羊毛紡織而成，其織法獨特，色彩豔麗。圍裙的紋樣為彩色橫紋，分寬條橫紋和細條橫紋兩種。寬紋色彩對比強烈，細紋則顯素樸典雅。圍繫「邦典」過去是已婚婦女的標誌。現在城鎮的未婚青年也喜歡繫用，將「邦典」作為美飾。

工布婦女一年四季都穿「古休」，夏天以氆氌縫製，冬天用毛皮製作。

▲ 盛裝的後藏婦女

▲ 手工紡織氆氌和「邦典」（圍裙）

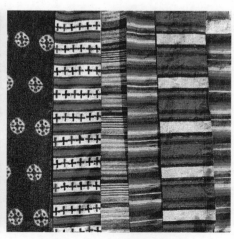

▲ 手工紡織品「邦典」（圍裙）面料

▲ 金絲繡花男帽

▲ 手工製帽

3、裝飾

藏族的傳統裝飾十分豐富，極具特點。

牧民在冬季喜歡戴羔皮帽或狐皮帽。狐皮帽藏語稱「娃夏」，是用珍貴的藏狐皮配以織錦緞製作而成。羔皮帽用潔白的羊羔皮製作，稱作「巴夏」，其形狀同狐皮帽相似。在牧區，還有一種四季均可戴的氈帽。

農區，男女老幼均喜歡戴「次仁金嘎」金花帽。金花帽以優質毯氍為帽坯，帽頂上覆以織有各種美麗圖案的金絲緞，邊緣飾以金線，四支帽翼，前後翼較大，左右翼較小。帽簷鑲綴皮毛。男帽帽筒高於女帽，而女帽裝飾更為華麗。年輕人戴時大多只展放前翼，顯得英俊瀟灑；老年人戴時愛四翼展開，像一隻展翅欲飛的吉祥鳥。「次仁金嘎」金花帽深受藏族人民喜愛。工布男子戴一種被稱為「甲夏」的小圓帽，用黑毯氍縫製，翻沿，帽簷鑲金邊。

除日常生活中的各式帽子外，在一些特定場合某些從事特殊職業的人還會戴其他有特色的帽子。如舉行賽馬活動時，成年男子戴一種圓形寬大的紅纓帽，帽的四周垂飾以纓絡，稱作「索夏」，意為蒙古王公帽。少年騎手則戴紅色尖頂的白氈帽，紅色象徵太陽初照雪山頂。據說，此帽在當雄草原象徵念青唐古拉山神。格薩爾說唱藝人戴鳥羽帽，藏戲藝人戴扇形仙女帽，等等。

藏族的髮型及飾物佩戴各地差異很大，大致可分為藏北型、衛藏型和藏東型。

▲ 狐皮帽　　　　　　　　　　▲ 藏族婦女

▲ 藏北牧女的金屬鏤花「腰帶」

▲ 牧區婦女髮辮

▲ 藏族婦女

▶ 藏族婦女佩
戴的耳環

▲ 頭飾

在藏北，已婚婦女將長髮中分，兩邊編成許許多多細長的辮子，前額分髮，在兩邊的細辮上分別串飾珊瑚、翡翠之類的寶石，腦後編一根粗髮辮，上面綴飾大大小小的銀元和其他飾物。牧區男子過去多蓄髮，編成髮辮盤在頭上，辮梢加紅色線作飾。

衛藏一帶的農區婦女一般只梳兩根辮子，從髮辮的中段開始用一種稱為「扎休」的髮飾，同頭髮一起編成彩辮，常盤於頭上，也可垂於身後。

過去，拉薩婦女在盛裝時戴一種稱為「巴珠」的頭飾。「巴珠」呈三角形或「Y」形，因社會地位和經濟條件的差異，「巴珠」的質地相差甚遠。有的極為貴重，綴飾名貴珠寶，有的則質量稍差。日喀則康瑪、江孜一帶，常見的一種婦女頭飾叫「巴廓」（江孜稱「衛廓」），形似弓狀，用珍珠、珊瑚、瑪瑙珠等綴飾而成。「巴廓」頭飾是後藏婦女極具地方特色的頭飾，由於製作複雜費時，人們平時不戴，多在婚慶、節日等喜慶場合佩戴。

▲ 傳統藏靴

▲ 牧民之靴

▲ 婦女胸飾「噶烏」（內置小佛像和佛經）　　▲ 牧區男子胸前佩戴的小佛龕

　　藏族男女過去都戴耳環。耳環多用金、銀鑲嵌寶石製作。脖頸上戴掛一串串由各種天然寶石串綴的珠串，是藏族男女珮飾的一大特點。

　　「噶烏」是最典型的胸飾，遍及全藏，男女均可佩帶。「噶烏」是用金、銀或銅為原料製成的盒狀物，有八角形、菱形、圓形等多種款式，俗稱護身盒（符）。

　　今天，西藏的農區和牧區還保留著傳統的服飾習俗，而城鎮居民的服飾尤其是婦女的衣飾打扮變化較快。人們在色調的選擇上傾向於素雅柔和，款式追求新穎別緻，用料豐富而考究。尤其是年輕人喜歡時尚，喜愛簡潔、美觀、穿著方便又體現個性特徵的新式藏裝。目前，城鎮流行一種筒裙款式的女式藏裝，左右不開襟，合縫成筒狀，裙子上縫製了腰帶，可束腰。這種新式藏裝，穿戴方便簡潔，線條流暢明快，能展現女性婀娜多姿的曼妙身材。

三　居住習俗

在廣袤的西藏高原，矗立著風格多樣、形式各異的民居：既有農區和半農半牧區「屋皆平頭」的樓房，又有藏北牧區的帳篷世界，還有林區的木構建築，更有珞巴、僜人的「長房」以及門巴的干欄式木屋，均以其獨特的個性直觀地展示了西藏各民族和各地區居住文化的魅力。

西藏居住文化歷史久遠。新石器時代的卡若遺址房屋建築是西藏民居建築的濫觴。在其後幾千年的演進中，西藏民居不斷發展、豐富和完善，並帶著厚重的時代印跡。

▲ 工布江達縣農家木屋

1、民居類型

西藏民居的結構和類型因不同地域的地理環境、氣候條件和生產方式的不同而表現出較大的差異。從總體上看，牧區傳統的民居是以帳房為主，農區和城鎮的住宅則是石木或土木結構的樓房。

帳房

以帳篷為屋，這是西藏牧民千百年來的居住樣式。逐水草而居的游牧生產方式，決定了牧民的頻繁遷徙和居無定所，帳篷這種易搭易拆、方便實用的居住樣式便成為人們在長期生產生活實踐中的唯一選擇。

▲ 牛毛帳篷

▲ 夏日帳篷

藏北牧區的帳篷主要有「黑帳」（牛毛帳篷）、「白帳」（羊毛帳篷）、「黑頂」或「花帳」（厚布帳篷）和「布帳篷」等類別，其中「黑帳」與人們的生產和生活關係最為密切。

牧民長期住帳房的習俗現在有了很大的改變。從二十世紀八〇年代開始，西藏牧區開始修建固定住房。今天的西藏牧區，世世代代以游牧為生的牧民結束了居無定所的時代，除放牧需要住帳篷外，牧民都有了固定住房，居住條件明顯改善。

樓房與平房

西藏農區和城鎮的民居，大都有二三層的樓房或一層的平

▲ 牧民之家（當雄）

房，也有高達四五層的建築物，「屋皆平頂」是其共同特徵。

從有關史料可知，「屋皆平頂」的藏式民居建築式樣和風格至少已有一千多年的歷史。《新唐書‧吐蕃傳》云：「屋皆平上，高至數丈。」由此可知吐蕃時期民居的建築面貌。

西藏腹心地區的農村和城鎮居民居住的房屋稱為「慷巴」，有樓房亦有只建一層的平房。農區的樓房多為二層，一般為石木結構。牆體多為石砌，一層方石疊壓一層碎石，以泥合縫。有的地方，牆體下部為石塊壘砌，上部牆體為板夯土牆。還有的地方，作牆體的材料為土坯磚，往往以石、土、磚混合使用作牆體：牆體下部為石砌，中部為土夯，上部是土坯磚。牆體逐漸向上收縮，但內壁保持垂直。在內部建築構造上，梁和柱不直接相連，柱頭上平擱短斗，短斗上擱長斗，長斗上擱大梁，兩大梁的一端在長鬥上自然相接。梁上鋪設檁條，檁條上再鋪木棍，然後捶打「阿嘎」土做成樓面或屋面。「阿嘎」是藏

語，意為「硬黏土」，是風化的石灰岩或砂黏質岩。阿嘎土有黏化作用，人們將阿嘎土搗碎，平鋪加水長時間夯打密實和浸油磨光，乾後堅硬如水泥，平滑同玻璃。「阿嘎」是藏區特有的一種建築材料。

有的地方沒有「阿嘎」土，則用一般的黏土夯實作頂。屋頂均為平頂，一般在屋頂四周牆上加砌女兒牆，女兒牆上先鋪一排短木，短木上橫鋪長條木，上面再鋪一層藏語稱為「簷巴」的薄石片，最後捶打一層阿嘎土以保護牆體。在屋頂四角搭建約半人高的牆垛以插掛經幡。

住宅樓大多呈正方形或縱長形，底層為圈養牲畜或堆放雜物用，一般不開窗。二層為活動的主要場所，包括主室、貯藏室、經堂、樓梯間等。一般將前面較大的房屋作為主室，左右的小房間作貯藏室，樓梯間多位於主室右邊的靠牆處，從這裡可以通到各室及上下樓層。頂層，一般民居的頂層就是第三層，也有少數蓋有四五層的。頂層多分作兩部分，前為曬台，後為平頂屋，此屋既可作生產或生活性用房，又可裝飾用作經堂或接待喇嘛、貴賓用。曬台則是人們打曬糧食、平日勞作和休息的地方。

農家的住宅多為一家一院。院牆有用柴薪堆積而成的，有夯土的，也有土坯磚壘建的。宅院的門一般都南向而開。

昌都一帶為高山峽谷地帶，大面積的平地較少，民居大都依山而建，一座座樓房比鄰相接，高低錯落有致，加之窗戶門楣大多彩繪，畫棟雕梁，氣勢非凡，甚為壯觀。林芝、波密一帶的民居住宅樓不用土石作牆

▲ 八廓街民居

體，整個建築材料幾乎全是木材，以木柱作樁、木梁作架，木板作牆和地板，屋頂也用木板，且結構為斜坡形。在多林木多雨水的森林地區，「屋皆平頂」就不適用了。

拉薩八廓街民居樓群，是圍繞著大昭寺逐步發展起來的，是西藏城鎮傳統民居的典型代表。其布局和結構為：四面樓房相圍，中間為庭園，內院為迴廊形式，獨門獨院。牆體用石塊或土坯砌牆，牆厚窗小，門低矮。樓以二層和三層為多，屋頂為平頂。土石結構的外牆塗白粉，窗框和窗檻塗黑色。院內有水井，宅院東西兩側各有公廁。一座宅院內可住近十戶人家，每戶有二至四間房屋。院門大都朝向大昭寺。

▲ 定日一帶民居

▲ 後藏民居

除樓房外，西藏各地還有大量單層建築的平房。平房的建築材料和建築樣式與樓房建築無異。平房的宅院一般較大，砌高大的圍牆，宅院內圈養牲畜、堆放雜物，還是人們勞作的地方。現在，仍有許多人修建單層的「退休房」，只是占地更寬，設施更完備，裝飾更豪華。

2、室內裝飾

牧區的帳篷室內陳設簡單，裝飾少。一頂帳篷的使用面積一般為二十至三十平方米，小的則只有十幾平方米。帳篷正中設灶，後部為佛台，佛台用裝有物品的毛皮口袋鋪設織毯搭成，上供佛像、黃緞包裹的佛經或活佛的照片，放有淨水碗和酥油供燈。衣物、糧食口袋和其他生產生活性雜物沿帳篷四周邊角

碼放，這樣既可有效利用室內空間，還可起到一定的擋風作用。室內分為幾個活動區。靠近門的帳內南角稱為「陰帳」，是以女主人為主的婦女們活動的地方，也用作廚房，也可在此製作酥油、奶渣等食品，有的人家用土石壘架，上放日常使用的器具。帳內北角稱「陽帳」，這裡鋪著牛皮或羊皮等墊子，是男人的居處，也是待客的地方。常常依客人、兄弟和戶主的地位和輩分就座。帳篷中火灶兩邊的空地則是人們白天活動、吃飯，晚上睡覺的地方。睡覺時，地上鋪毛氈或牛羊皮，上蓋藏袍、藏被或氆氇。現在牧民新修的定居房室內陳設和裝飾遠比帳篷豐富，不僅室內有各種藏式家具，收音機、錄音機和電視機等現代家用電器也已進入了普通牧民家。有的房屋建築高大，裝飾華麗，庭院寬闊，與傳統的帳篷民居形成了鮮明對比。

農區和城鎮的民居因生產生活條件的差異而在居室結構和裝飾上有所不同。農區民居的底層多用來圈關牛羊等牲畜家禽，城鎮民居底層既可住人又可堆放各種雜物。二層多作居室，根據房屋的大小，一般用木板隔成三五間不等，分別作為臥室、客廳、經堂、廚房和貯藏室等。房屋小的人家往往將二層靠前的較大房間作為主室，人們的日常起居、待客等均在主室，一室多用。經堂是居室結構中的重要組成部分，一般都要根據家庭條件用或大或小的專門房間作為供奉神佛的經堂。

過去一般人家日常起居不用床鋪和椅凳，多是在主室內靠窗沿牆擺放一圈稱為「卡墊」的鋪墊，上鋪毛織藏毯，「卡墊」前面放一張稱為「覺孜」的藏式矮桌，供家人和客人飲茶用膳之用。「卡墊」是藏族生活中不可缺少的生活用品，人們平時睡臥起坐均用「卡墊」。現在城鎮居民睡覺早已用床，床架稱為「墊架」，仍多以「卡墊」作墊。「墊架」類似單人床，寬約一米，只能睡一人。大床稱為「聶赤」，有木床、席夢思、鋼絲床等。毛織「卡墊」是極富民族特點、美觀實用的生活用品和手工藝品。

居室內擺放的家具主要有藏櫃和藏桌。藏櫃有「比崗」和「恰崗」等類別。「比崗」高一米多，上部對開門，內鑲玻璃，可放書等物品，多放置於室

內的一角。「恰崗」意為「雙櫃」，因此必須成對擺放，多靠牆放置於居室的正面。「恰崗」格內可放東西，佛龕多擺放於「恰崗」之上。「覺孜」為高約六十釐米、面寬八十釐米的方形藏桌，三面鑲板，一面設兩扇門，桌腿造型別緻，形似狗腿。有的藏櫃用料考究，精雕細刻，製作甚為精美，刷塗土漆後亮發光。多數藏櫃是在櫃的表面（靠牆的一面除外）繪各種圖案，常見的有八祥徽、仙鶴、鳥獸、花卉等，色彩豔麗。

　　廚房多為單獨的房間。火灶一般設在廚房的一角，也有的設在與門相對的牆的正中位置。過去，火灶多是三角鐵灶台，燒火時的煙霧通過屋頂特設的天窗出去。現在城鎮和農村許多地方都使用設有煙道的連體灶台，人們再也不受煙熏火燎之苦。靠近灶台的牆壁上掛放水瓢等器具，人們喜歡用銅質水瓢，盛水缸也喜歡用銅缸。過去，鍋多是「漢陽」鋁鍋和銅鍋，平時擦拭得鋥亮，整齊擺放一排。此外，酥油筒、酒壺酒筒、糌粑盒等生活器具都按不同的位置擺放於廚房中。廚房裡，多數人家安放有供家人平時用餐的餐桌，如有客人，則

▲ 藏族民居室內陳設

多在主室待客。

許多人家設有專門供家人禮佛的經堂。經堂內的陳設多是在靠牆處放一對「恰崗」，「恰崗」上面設「卻雄」（佛龕），「卻雄」內放置或塑主供的佛像。拉薩一帶多供「師徒三尊」塑像，昌都、類烏齊一帶多供蓮花生大師塑像，也有的供三世佛、度母、觀世音、金剛手等，佛像有泥塑、銀質、銅質或唐卡等類別。在「卻雄」前面的藏櫃頂上擺放三排稱為「頂」的銅製淨水碗，每排七個，每天獻供淨水。佛龕下有稱為「波雄」的木製長方形香爐，雕刻精美，古色古香。經堂內的牆壁則根據各自的經濟條件或用色塗牆或繪壁畫，也有的是在牆上貼紙唐卡佛像。富裕人家常把經堂裝飾得富麗堂皇。

藏族民居的建築裝飾因各自經濟條件的不同而差異很大，富者可以雕梁畫棟，經濟條件較差則裝飾比較簡單。有條件的人家在柱梁斗栱上繪裝飾圖案，在內牆上方繪三色條紋花飾，下方塗乳黃或淺綠色顏料，色彩鮮豔，對比強烈。人們喜歡在室內懸掛諸如《和氣四瑞圖》《六長壽圖》等畫，象徵家庭的和睦祥瑞和家人的長壽健康。在宅院大門內的門廊兩壁上多繪馭虎圖和財神牽象圖，象徵禳災納祥、招財進寶。

藏族民居注重對門的裝飾。大型宅院的大門由門框、門楣、斗栱組成。門楣連著斗栱，斗栱多用藍、紅、綠三色彩繪，門楣上印燙金符咒。門楣的上方形成凸字形狀，中間

▲ 門楣裝飾

留有約一尺見方的空間，用木頭做框，鑲以玻璃作為佛龕，裡面供奉主人崇奉的佛像或聖物。最頂上安放一對犛牛角。門框邊的牆體用黑漆塗繪，上寬下窄。大門多為單扇，顏色朱紅或烏黑。西藏各地民居多在門上繪日月形或「雍仲」圖案，在門楣上方放置白石或安放犛牛角。

▲ 民居房頂上的旗旛

西藏民居的外牆顏色主要是白色，但各地在色彩的選擇和搭配上又有差異。拉薩林周一帶，許多民居的牆體呈當地泥土的自然土黃色。建房時，人們採用當地的細泥土抹牆，並用手指在牆體上由上往下劃半圓形或弧形圖案，紋飾自然美觀。日喀則市薩迦一帶的民居牆體以深藍灰色為底色，再豎畫白色和土紅色的色帶，十分醒目和別緻。定日縣的民居則為白色院牆，而在牆簷和窗戶上塗飾黑色和土紅色的色帶。這種色彩上的變化與當地的宗教信仰和地域文化傳統有關。薩迦民居風格顯然是受薩迦派的影響而形成的，薩迦南寺高聳的寺牆至今仍是深藍灰底色再塗繪白、紅色帶。定日一帶民居以白為底色再塗抹黑、紅色帶的習俗來源仍同宗教信仰有關。當地人最崇奉的是觀世音、文殊和金剛手，即「日松袞波」（三怙主），三色分別代表三位佛：白色象徵觀世音，紅色代表文殊，黑色為金剛手；塗繪三色以示對三位佛教神祇的供奉。

值得一提的還有藏族民居屋頂上的裝飾。屋頂四角（有些地方是在西北角

▲ 薩迦「三色牆」民居

和東北角）搭建插放旗旛的牆垛（稱為「蘇覺」或「勒序」）。牆垛上一般插掛旗旛或稱為「塔覺」的五色經幡，五色從上至下為藍、白、紅、綠、黃，分別象徵藍天、白雲、火焰、綠水、黃土。旗旛上印有祈福禳災的經文。有的「蘇覺」上插掛樹枝或形似長矛、頂部為日月形的法器，直指藍天。阿里普蘭縣民居在屋頂四角樹木桿，上繫繩索拴掛五色旗旛，風吹旗旛迎風飄蕩。旗旛在每年新年和重大喜慶節日時還要更換。屋頂的「塔覺」裝飾是西藏民居最富民族特色的裝飾之一。

3、起居禮俗

藏族起居禮儀從建房擇基、落成到日常生活都有許多禮俗和禁忌。

對任何家庭來講，修房建屋都是一件十分重要的大事，從選址擇基到修建搬遷每一個環節都極為重視。整個建房過程中較大的儀式有六項，即選址儀式、奠基儀式、立柱儀式、封頂儀式、竣工儀式和喬遷儀式。

修房選址擇基時多請喇嘛打卦卜算，以確定房屋的最佳方位和開工時間，這個儀式稱為「薩都」或「土達序」。地基選好後，擇吉日舉行「薩各多洛」的破土儀式，一些地方將破土儀式和奠基儀式合二為一。屆時，需請喇嘛到現場誦經做法事，在宅基地前擺「五穀斗」，設祭台，置供品，燃放桑煙，向土地神和龍神贖地基為己用，並祈求人畜安康，風調雨順。正式開工儀式稱為

「粗敦」，修房的主家要向修房工匠和參加儀式的鄉鄰獻哈達、敬青稞酒，並在離地基不遠的顯眼處樹一根帶杈木棍，上掛稱為「九宮八卦圖」的圖案。在房屋建造至一半，即將上梁立柱時，要舉行「帕敦」儀式。封頂儀式稱為「拖羌」，有時同竣工儀式一道進行。當房屋快竣工時，留出一小塊屋頂不填土，舉行封頂儀式。屆時，親戚朋友都來主家，象徵性地填土，表示參加了房屋的修建。來客均要帶茶和酒等禮物，給主人獻哈達，向主人祝賀新房落成。當日，主家準備豐盛的酒飯，在新屋主室內安置座位，請工匠師傅入座，向他們敬「三口一杯」酒，獻哈達，同時給每位參加建房的人分送酬金和禮物，感謝他們的艱苦勞動。來賓也向工匠們敬酒獻哈達，還向每根立柱獻哈達。人們盡情享用酒飯，分享新屋落成的歡樂。

　　喬遷儀式稱作「康蘇」。新屋落成後，何時搬遷必須請喇嘛擇算。拉薩地

▲ 江孜帕拉莊園

區的「康蘇」儀式，第一天的活動稱為「顛遮」（意為「祝賀」），第二天活動稱作「土卓當」（意為「歡慶」），第三天的活動叫「卓桑」（意為「結束時煨桑」）。客人來參加慶賀儀式，過去多帶酒、肉等禮物，現在人們多送禮金。過去，首先給新屋的佛龕、梁柱、水缸獻哈達，再給主人獻哈達；現在，主要給新屋的主人獻哈達。敬獻哈達時，說一些恭喜、祝福的話，向主人祝賀道喜。主人準備豐盛的酒肉菜餚供客人享用，人們跳舞、唱歌、打藏牌、擲骰子、打麻將，根據自己的喜好參加各種娛樂活動。第三日在太陽未落山之前舉行「卓桑」儀式，整個慶祝活動結束。

「卓桑」儀式很有特點。舉行時，在室外的庭院內或空地上用白粉劃一個大圓圈，圈內繪各種吉祥圖案，正中安放五穀斗、桑煙缽和酒罈。客人們圍成圓圈，主人給每位客人獻哈達，敬「切瑪」，每位客人都抓一些糌粑粉在手上。這時，點燃桑煙，由一人在前領舞，唱高亢的藏戲，眾人尾隨其後翩翩起舞。領唱者在一陣高亢激越的歌唱後，大聲呼「索、索、吉吉索索」，眾人齊聲和合，道「拉傑羅」，反覆三次。眾人每呼一次，便拋撒一次糌粑粉，最後一聲呼喊將糌粑粉全部撒向空中，人們的頭上、身上和地上白茫茫一片，氣氛達到高潮，儀式也就此結束。

在建房過程中，還有許多富有特色的禮俗活動。昌都一帶在建房築牆時，人們手持木舂，邊舂泥土邊歌舞，唱雄壯鏗鏘的打牆歌：

我愛家鄉類烏齊，
青山綠水景色美。
打牆的人們快快打喲，
青山綠水景色美。
鮮花的芳香飄萬里，
聖佛的加持領不完。
打牆的人們快快打喲，

聖佛的加持領不完。

宏偉的神殿多壯觀，

打牆的漢子雙手建。

打牆的人們快快打喲，

打牆的漢子雙手建。

與昌都男子漢們雄渾激越的《打牆歌》不同，衛藏地區在建房時婦女們要唱一種輕快悠揚的《打阿嘎》歌。打阿嘎前，人們要打扮裝飾一番：手腕飾以念珠及小海螺鐲子，工具木柄上飾以小鈴鐺。打阿嘎時人們站成兩隊，手持叮噹作響的工具，伴以輕快有序的節奏，邊打阿嘎邊歌舞。其中日喀則康瑪一帶歌唱：

阿嘎不是泥土！

阿嘎不是石頭！

阿嘎（是）金剛山的，

一種特殊寶物。

阿嘎鋪在屋頂，

暴風驟雨都不怕。

阿嘎鋪在室內，

滿堂處處閃光輝……

阿嘎明亮如鏡，

唱歌的人兒風采傳情。

猛虎般的小夥，

甜言蜜語來親近。

右邊轉呀右邊轉，

右邊地上一二三。

左邊轉呀左邊轉，

左邊地上四五六⋯⋯

　　如今，不論是城鎮還是農牧區，人們的居住條件都大為改善。人們的居住習俗正悄然發生變化。過去牧區群眾逐水草而居的狀況已經徹底改變，人們搬遷進了固定的居所。蓋房使用的建材極為豐富，鋼筋水泥等現代建材在建房中廣泛使用，過去矮小的門窗現在已變成寬大明亮的落地玻璃窗，過去只有貴族、莊園主們才能住的高大華麗樓房，現在普通農牧民都已住上。城鎮居民的住房條件也顯著改善，普通居民大都建有不同規格的新房。這些新建房屋，既有現代化的室內設施，如各種家用電器及現代新潮家具和物品，又保持著藏族民居傳統的建築風格，特別是平頂和各種裝飾。西藏居住文化在傳統與現代的交互影響和撞擊中煥發出奪目的光彩。

▼ 林芝新城

第二章

靈魂之禮　生命之儀
—— 西藏人生禮儀

藏族人的一生，可以說是禮儀的一生。從呱呱落地的嬰兒，到成年後的婚嫁；從彌留時的關懷，到死後靈魂的升天，都有一套完整而複雜的儀式。這是藏族人日常生活的重要組成部分。

一　誕生禮

誕生，是人一生的開始，誕生禮是對嬰兒降生人世的一種接納儀禮，反映出人們對人口出生、生命延續的重視。

傳統的藏族社會，在陳舊觀念影響下，婦女在經期、懷孕和生育過程中都被視為不潔，加之缺乏必要的醫療衛生保健，孕婦和產婦往往得不到合理的照顧和護理，嬰幼兒死亡率很高。

懷孕初期，普通家庭的孕婦在飲食上並無特殊照顧，有條件的人家不時會給孕婦改善伙食，補充營養。懷孕後期和臨產前，各家視經濟情況給孕婦補充肉類和酥油等營養豐富的食物。

過去孕婦臨產時，牧區婦女多在牛圈內或另外搭建的簡易帳篷內生產，農區婦女也不能在日常睡臥居住的室內，需要到牛棚羊圈內分娩。無專門的助產婆，多由產婦的母親或婆婆幫助接生。產婦分娩時，丈夫一般不在跟前，要盡可能離開。據說，孩子父親在分娩現場的話，嬰兒害羞不容易生下來。如遇難產，要請僧人唸經祈禱。

家有產婦，一般在門上繫掛紅布條或設特別標記，告示外人不能隨便進入。

嬰兒出生的第三天（女孩是第四天），要舉行藏語稱為「旁色」（「旁」藏語是「污濁」之意，「色」是「清除」的意思）的誕生禮儀式。藏族人認為，小孩出娘胎會帶來諸多污濁和晦氣，如不消除這些晦氣，將會對孩子的成長不

利。舉行「旁色」儀式，也就是為孩子消除污穢，預祝孩子健康成長。「旁色」儀式之日，親朋好友帶著禮物來參加活動，進屋時要先給產婦和襁褓中的嬰兒獻哈達，給產婦敬酒、倒茶；然後端詳初生嬰兒，說一些吉祥、祝福的話。嬰兒在滿月之前一般不出門。

嬰兒滿月之後，擇吉日舉行「國敦」即出門儀式。當天，母親和孩子在親人的陪伴下出門，首先去寺廟朝佛，祈求佛祖菩薩保佑孩子無病無災，健康成長。然後去有福澤（諸如兒孫滿堂、家境富裕等）的朋友家串門，期盼孩子將來

▲ 藏族母親和她的孩子們

也會建立幸福美好的家庭。孩子第一次出門，有在孩子鼻尖上抹鍋煙灰的習俗，這是為了避免孩子出門時被鬼靈發現。

如今，西藏城鄉的醫療衛生條件得到很大改善，婦幼保健事業迅速發展，藏族婦女懂得了許多婦幼保健知識，加強了孕期保健和產後護理，徹底改變了婦女兒童體弱多病、嬰幼兒死亡率高的狀況。城鎮婦女在孕期一般都去醫院做定期或不定期檢查，大多在醫院分娩。農牧區也建有各級醫院或診療機構，為群眾提供免費醫療服務。農牧區婦女就近去醫院生產或請醫生到家接生。

二 取名習俗

在藏族人看來，為孩子取名是一件十分鄭重的事，它關係到孩子的成長和今後一生的發展，大多要請活佛高僧或有威望的長者取名。有時父母也根據自己的意願為孩子取名。取名的時間一般在孩子快滿月之時，也有在孕期就請活佛提前取名的。過去平民百姓向活佛或喇嘛求取名字時，沒有什麼特殊儀式，只需向活佛或高僧敬獻一條哈達、幾兩藏銀，說明嬰兒性別。貴族上層則常常將嬰兒抱去向活佛獻髮，活佛剪去嬰兒一小撮頂髮，以此象徵剃度，然後取一個吉祥的名字。如孩子長大後出家（或在家）為僧，仍需經堪布、翁則或活佛等高僧重新剃度取法名。活佛、堪布等在給孩子取名時，其名字總是帶有較為明顯的宗教色彩。

藏族人名的內涵十分豐富，其取名方式多樣，常見的有：

▲ 穿著民族服裝的藏族兒童

與宗教相關的名字，如丹增（聖法）、塔巴（解脫）、多吉（金剛）、曲珍（佛燈）、雍忠（苯教的「萬字紋」符號，象徵永恆，該名為苯教僧人或信徒之名），等等。與宗教相關的名字在藏族人名中占有很大比重，這一現象既反映了宗教對藏族社會的深刻影響，又體現了藏族取名的一個重要特徵。

表達祝願與讚美，如次仁（長壽）、德吉（幸福）、扎西（吉祥）、桑珠（遂意）、索朗（福澤），等等。

紀念出生日期，如邊巴（星期六出生者）、達娃（星期一出生者）、次傑

▲ 藏族兒童

（藏曆初八出生者），等等。西藏民主改革以後，藏族人的名字還有以現代節日取名的，如國慶、五一等，反映了時代的變遷。

表達生育、節育願望，如倉姆決（終止生育）、普赤（招弟），祈求下一胎生男孩，等等，最常見的是以上名字。這一類名字主要由父母所取。「倉姆決」表示不想再要孩子，「普赤」則表達了想要男孩，因前幾胎所生均為女孩。

以自然物命名，多表達一種祈願，如嘉措（大海）、噶瑪（星星）、美多（花朵），等等。

藏族給孩子取名的方式還有多種。比如，為避免新生兒遭遇不測，故意給孩子選取賤名，以躲過劫難，這樣的名字常見的有：其甲（狗屎）、帕甲（豬糞）、普科（丑孩）等。如有的孩子生病或遇災禍後大難不死，多給孩子改名為西洛（死裡逃生）。父母對最幼小的兒女表示愛撫和親暱，取名瓊達（毛毛）、瓊吉（安樂小寶），等等。

上述名字均為兩個音節，而現實中藏族的名字多是四音節。其實這並不矛盾，因藏族人名的構成絕大多數都是兩個雙音節的合成詞（賤名和暱稱等除外）。如上述名字都可能組成四音節的藏名，如達娃次仁、巴桑羅布、索朗嘉措、邊巴頓珠等。人們日常稱呼時，既可稱全名，也可用簡稱。簡稱有兩種形式，一種是取第一和第三音節，如索朗平措，可簡稱為「索平」、巴桑旺堆，簡稱為「巴旺」。第二種形式是只叫前兩個音節或後兩個音節，它們均有獨立的詞義。如「巴桑羅布」，既可簡稱巴桑，也可稱羅布。「丹增倫珠」既可叫丹增，又可稱倫珠。根據平時人們稱呼的約定俗成，簡稱中以第一種情況居多，具有代表性。

▎三　婚姻習俗

　　藏族婚俗文化的形成有著悠久的歷史淵源。早在遠古時代，藏族先民就按一定的婚姻制度組建家庭，聚族而居，並形成了一套相關的禮儀習俗。藏族的婚戀禮俗，從擇親選偶、訂親迎娶到婚後習俗都具有鮮明的民族與地域特點。

1、通婚範圍

　　藏族傳統婚姻的締結看重對方的血統、地位、門第和財富，追求「門當戶對」的婚姻，這在城鎮表現尤為明顯。

　　婚姻締結中一個最大的禁忌是近親結婚。有父系血緣關係的人無論相隔多少代一律不得婚配，有母系親屬關係的人原則上亦不得婚配，若婚配，至少應隔五代甚至八九代人方可。在西藏農牧區，人們是以「骨系」來確定通婚的範圍。骨系多以父系的血緣來計算，同一骨系的後代屬永久禁婚之列。有時也出現這種情況，由於年代的久遠，人們已不清楚婚配雙方是否存在親戚關係，但只要知道過去曾是親戚關係，不管隔了多少代，人們會自覺恪守禁婚規則。在人們的觀念中，近親通婚是最不吉利的事，會生下畸形嬰兒，會給家庭、村莊和草原帶來災難。

　　婚姻是否締結，還要看男女雙方的生肖是否相剋或相沖。人們十分忌諱生肖和屬相相剋相沖，認為生肖相剋婚姻不會幸福，夫妻間會吵架、打架或離婚。五行中水克火、火克金、木克土、土克水。十二屬相中從某支起，間隔六個，其第七支與之相沖。長期以來，人們把五行是否相合相剋看得較重，婚前需測算男女雙方是否匹配，不相合則一般不成婚。當然，這一禁婚原則並不十分嚴格，城鎮、農村和牧區以及不同的地方也有靈活性差異，有時生辰屬相不合還可請僧人或咒師做法事化解。

　　在不違背近親通婚和等級內婚的前提下，藏族青年男女的婚戀有著較大的

自由，人們在勞動生產和各種社交場合可以自由交往和談情說愛。當然，這種自由是相對的，傳統婚姻多為父母之命、媒妁之言的包辦婚姻，貴族上層的婚嫁尤其如此，子女沒有多少婚戀自由可言。貴族間的聯姻多是一種政治行為，考慮的是家族的利益，包括家庭的政治地位、財產繼承和社會地位，借聯姻擴大自己的地位和聲望，因此不會也不可能考慮子女的情感。平民的情況則不同，雖然婚嫁與否的最終決定權在父母，但子女在選擇配偶時有較大的自由，家長會充分尊重子女的選擇。事實上多數情況為子女自由戀愛後，將自己的意願告訴家長，由家長出面請人提親和訂婚，最後安排婚嫁。有的情況是家長相中了某男或某女，事先並不告訴子女，更談不上徵求子女意見，直到成婚前才通知子女。但這種完全由父母包辦作主的情況較少，多數情況是由父母作主決定婚嫁，但事先會徵求子女的意見，如果子女不同意這門婚事，家長會考慮孩子的意見。當然，藏族人對長者十分尊重，子女一般會聽父母的安排。

如果說「門當戶對」是家長擇親時的一條標準，那麼年輕人在選擇對象時更看重的是對方的個人條件，包括身體是否健康，長相是否英俊漂亮，品行是否端莊以及是否能幹、有本事等。在牧區，男子有本事主要表現在搬遷牧場、捻繩子、打獵、屠宰和做買賣等方面，女子有本事則表現在擠奶、做酸奶、放牧、織氆氇等方面。農區的情況亦相似，在耕地、修渠、建房和買賣等方面可看出男子的本事，女子則表現在種田、擠奶、做酒、織布等方面。配偶是否能幹，成為農牧區擇偶的一個重要標準。將配偶的能幹和有本事作為一個重要條件是不難理解的，因婚姻不僅僅是男女雙方的結合，由婚姻的締結組建的家庭承擔著人的生存、繁衍和發展的重任，能幹和有本事則是維繫家庭生計的最基本因素。在氣候條件差、生產力水平低的西藏農牧區，沒有相當的勞動生產技能的「本事」，沒有「能幹」的素質，不要說發展和致富，連維持基本的生存都成問題。

如今，人們的擇偶觀已發生了較大的變化。伴隨著社會的變革，過去嚴格的「等級內婚制」已不復存在，在不違背近親婚姻禁忌的前提下，人們的婚戀

更加自由，通婚範圍不斷擴大，藏族同其他民族、藏族同外國人的通婚不受限制。包辦婚在城鎮已基本絕跡，在一些偏遠的農牧區雖不同程度地存在著，但子女在婚配上有著更大的自主權。無論在城鎮還是農牧區，一個人的品質和德行（尤其強調「誠實」）是人們擇偶的重要條件。職業和經濟條件、社會地位人們亦較看重。城鎮人在今天仍關注對方家庭的地位和條件，農牧區則看重對方的本事與能幹程度，呈現出城鄉不同的特點。在今天的西藏，無論城鎮和農牧區，戀愛自由、婚姻自主已是婚戀的主流。

2、訂婚

藏族青年男女一般十六七歲便進入可談婚論嫁的年齡，可以參加各種社交活動。藏北牧區青年男女有一種稱為「乞董」（意為「打狗」）的戀愛交友方式。所謂「打狗」，是指男女青年夜晚幽會時，男子騎馬去女子住地，因怕狗叫而驚動姑娘家的人，男子會在赴會時帶上一塊肉扔給狗吃，人們形象地稱之為「打狗」。當男女青年彼此有了感情願意確定婚姻關係時，便會將自己的想法告訴父母，如果父母不反對，便會託親友找媒人去女方家說親。也有的是男方父母看中了某位姑娘，便託人去女方家提親。

說親或提親是整個婚姻締結過程中第一個程式化儀禮，各地在習俗禮儀的細節上略有不同。提親人一般不由家人充任，而多由男方親朋或村中有較高威望的人充當。提親人藏語稱之為「巴米」（意為「中間人」—— 媒人）。如果男女青年感情好，兩家又熟悉，也可由男方家長直接去提親。「巴米」或男方家長擇吉日帶酥油茶、青稞酒和哈達去女方家（多趁姑娘不在家時），向女方家長說明來意。如果女方家同意結親，會接受男方家敬獻的酒、茶或哈達，反之則表示拒絕這門親事。雙方同意後，便要請人卜卦測算男女的生辰屬相是否相合，預測婚後禍福吉凶。如果吉利，便確定婚約。如不吉利，則有兩種選擇：一是就此罷休，另擇佳偶；一是請喇嘛做法事驅邪消災。

提親之事大功告成後，雙方父母便會商定吉日良辰舉行「隆羌冬」（「隆

羌」意為「求親酒」）訂婚禮。訂婚之日，男方家帶來青稞酒和酥油茶，給女方父母敬獻求親酒，還給女方家的每一位成員贈禮物，禮物的大小和多少視男方家的經濟條件而定，大的可送衣物乃至首飾，小的送一條哈達亦可。但是，無論男方家的家境如何，有一件禮物必不可少，這就是給女方家母親送的「奴仁」（意為「奶錢」），以感謝母親哺育女兒的養育之恩。即使女孩的母親已亡故，「奶錢」仍必須送。農區和城鎮贈送的「奶錢」多是一條彩裙「邦典」，牧區則送一頭奶牛作為女兒母親的「奶錢」。這天，女方家備酒備飯，招待男方家客人和參加訂婚的女方親屬。過去城鎮和部分農區在訂婚儀式上還要寫婚約，貴族之間訂婚時出示婚約更是儀式不可或缺的一部分。婚約一式兩份，由證人在儀式上高聲朗讀，核對無誤後由雙方家長當眾蓋上家族印章各自保管一份。訂婚儀式後，男女雙方不得輕易毀約，否則會受到輿論的譴責和眾人的恥笑。如果男方毀約，贈送給女方的財物不得索回，還要追加一定的錢物。女方毀約要如數退還財物，另外還要給男方一些錢物以作補償。訂婚禮之後，雙方便商定結婚日期，籌辦結婚事宜。

3、婚禮

藏族婚禮的禮俗繁縟，活動甚多，各地在禮俗上不盡相同。

婚禮經男女雙方商定並由喇嘛卜卦擇吉日舉行，過去農村結婚多安排在冬天農閒季節。婚禮前一天，男方家派出迎親人去女方家迎親。迎親人員的組成有二人、四人、六人不等，其中一般有男方家的一名至親、一名能說會道的人（有時專門請民間說唱藝人）、一名為新娘牽馬的人，並且要帶上禮物，包括給新娘的全套衣飾，給新娘乘騎用的打扮漂亮的馬（懷有小駒的白馬為佳）以及五色彩箭等。日喀則一帶，迎親所帶的物品中除給新娘的一套衣飾外，還有一隻腹腔中裝有羊毛的整羊、一兩袋糧食，還要帶一個內裝一塊墊布的空箱。空箱是拿去索要女方嫁妝的。昌都柴維一帶還要帶一個稱為「央吉」的吉祥袋去女方家，將其供奉於女方家的火塘上。迎親人到女方家時，會受到隆重的接

待。日喀則一帶，當迎親隊伍到達女方家時，女方親戚在門外等候，但不讓迎親人立即進家門，故意設題刁難，迎親人必須「道吉祥」（藏語稱之為「協巴」，係一種民間吉祥頌辭，多在婚禮、建房等喜慶場合唱誦），直到女方滿意才讓進屋。迎親人中能說會道的道吉祥者會海闊天空地盛讚新娘家的房屋、大門、庭院以及所見到的一切。進屋後，女方家立即向客人敬獻「三口一杯」酒，盛情款待迎親人。飯畢，迎親人會在院內打開空箱，拿出墊布鋪在地上，索要女方的嫁妝，女方親戚則要求在墊布的四角壓上許多錢，歡聲笑語不斷。迎親人需在女方家住一晚。現在農區的婚俗還保留在女方家住一晚的習俗，城鎮居民結婚則提前一天將新娘婚禮上穿的衣飾及有關禮物送去，婚禮當日直接按卜卦的時辰去迎娶。

　　舉行婚禮的前一天晚上，女方家要為即將出嫁的女兒舉行送別儀式，女方的親戚及親朋鄉鄰都來參加。儀式開始時，「準新娘」坐於席位正中，伴娘緊靠其旁，左右分別坐父母、其他家庭成員及送親人。前來迎親者向新人敬獻哈

▲ 素裝的新郎新娘

▲ 在婚禮上，民間藝人以「折嘎」說唱方式祝頌婚慶。

達，並將帶來的「達塔兒」（五色彩箭）插在其背上，表示姑娘已是有主之人。然後由親朋鄉鄰獻哈達和送禮，禮品主要有一支前腿帶胛骨的羊肉、糌粑油糕「麻糬」、衣服或衣料以及禮金。親朋鄉鄰所送禮品安排由專人一一登記在冊，以便日後回禮。登記禮品的冊子稱為「嘎托」。儀式結束後，人們飲酒唱歌、通宵歡慶。當天，女方家通常還需將娘家的嫁妝移交男方家，有的迎親後才將嫁妝送去。

第二天清晨（即婚慶大典之日），根據卜算確定的時間迎新娘出門。新娘穿戴著從男方家帶來的全套衣飾，在伴娘的陪護下，緩緩走出家門。昌都柴維一帶，新娘臨行前，要站在屋外特設的氈墊上聽母親的教誨，新娘母親會諄諄

教導女兒今後做人的道理和規矩，並給女兒獻哈達。出門時，想到自己就要遠嫁，再也得不到慈愛父母和親人的關照，新娘會哭泣不已。出門時，迎親人在前面邊走邊揮動手中的哈達高喊「招納福祉羅，招納福祉羅」；女方家人（多是父親或長兄）則站在自家屋頂上用右手朝迎親隊伍走過的方向揮舞哈達（有的地方手舉彩箭、擠奶桶，並舉著羊腿在空中環繞），邊揮邊喊「留下福祉，留下福祉」。這個儀式藏語稱之為「央固」，意為招財引福儀式。人們認為，姑娘出嫁，往往會把家中的財運帶走，為了留住家中的財氣，需要舉行「央固」儀式。用舉彩箭和繞羊腿招財引福的習俗產生年代久遠，是古代苯教盛行時期的儀式。

迎親隊伍的順序一般為：走在隊伍最前面的領隊多為屬相好、穿白袍、騎白馬、手中舉著「斯巴霍」（九宮八卦圖）的人，其後依次是迎親代表、新娘、伴娘和其他送親人。女方送親人之中也有一位能說會道之人。過去一般都是騎馬，每匹馬都精心打扮裝飾。現在迎親時，路途近仍騎馬，路途遠則用汽車或拖拉機。城鎮的婚禮都是用裝飾一新的婚車迎接新娘。

迎親途中，遇見背滿水或其他東西的人視為吉祥，迎親人會向這些人獻哈達。如遇見背空筐、抬病人、倒垃圾的人則認為是不吉利，這些人看到迎親隊伍過來一般都會自覺迴避，如果不巧碰上，主家在婚後會請僧人唸經消災。迎親途中，道吉祥者會對沿途的風光即興描繪和讚美。

如迎親之日天氣晴朗，道吉祥者唱道：

太陽金光映積雪，
雪峰沐日分外豔。
一時片雲橫遮攔，
莫非雪峰也怕羞。

路過當地的河流，作歌道：

旭日光耀村旁河，
好似銀河落草原，
莫非良緣感天神，
獻上銀河作哈達。

當見到草原上的牛羊，作歌道：

黑白牲畜通人情，
各自排成儀仗隊；
哞哞之聲震草原，
對著新娘在道喜。

　　道吉祥者總能將沿途見到的景物人事同迎親的特殊日子巧妙地結合起來，
增添了祥和喜慶的氣氛。

　　當迎親隊伍快到男方家村口時，男方家安排敬酒人在村口迎候，人們一一
下馬，接受敬酒人敬獻的「切瑪」、酒和茶。

　　迎親隊伍到達男方家大門外時，大門、院落內外已裝飾一新，在大門兩側
立放有黑白兩種顏色的大石，安放好專為新娘準備的下馬墊，其墊內裝有青
稞、小麥和鹽巴，上鋪五彩錦緞，緞上用麥粒或麵粉畫「雍仲」吉祥符號。男
方家的主要親屬在門前迎候。西藏各地從新娘下馬、進門、入座都有一系列禮
俗。大致為，下馬後繞轉祭祀時象徵吉祥神靈的白石，踢翻表示不吉、邪魔的
黑石，送親人中能說會道者依次讚頌男方家的下馬墊、大門、看家狗、樓梯
等，然後新娘才進門入座。各地禮俗大同小異，具有地方特點。下面是日喀則
崗巴一帶迎親隊伍到達男方家時的禮俗活動：

迎親隊伍快到男方家時，鄰里鄉親在男方家門口立一塊叫做「切爾朵」的白色大石和裝滿羊糞蛋的大袋，旁邊搭個神壘，插上新娘的魂樹（一根有三個樹梢的枝條）。迎親隊伍行至家門口，迎親使者先下馬，把馬拉入馬廄。一位鄰里鄉親走到送親人跟前拋下替身物品（寓意消災）便立即走開，以阻攔新娘那地方的鬼神隨其而來。這時，有人對送親人連喊三聲：「到我們這地方不許縱馬橫行，就是雄鷹也得以恭敬低位狀而來。」送親人答道：「新娘乃是播撒花種者，梳理一根髮辮者，為啥不許縱馬橫行？」接著騎著馬走到門口，從馬背上提問道：「以須彌山為中心，你家有幾座秀麗的山？以綿羊毛灘為中心，你家有多少大草壩？以神騎鵝黃馬為主，你家有幾匹善跑駿馬？以格薩爾為準，你家有幾個驍勇之子？」對此，男方家人視家中特點作答。之後，送親人下馬，接受兩個姑娘或少婦敬獻的「切瑪」和青稞酒，給新娘魂樹黏上三片酥油花，手抓魂樹連搖三下問：魂樹是否牢固？答道：固若金剛岩。爾後，婆婆將新娘自馬背抱下地，下馬時新娘的雙腳先落於用青稞畫有「雍仲」字永固符的藏式方桌（代墊腳馬蹬）上，隨即走下地。婆婆讓她右手提著擠奶桶，左手拿著拴牛繩；由婆婆扶著繞大白石、羊糞袋、神壘和魂樹轉三圈；然後才被迎進家門。

　　新娘進屋後，與新郎一道坐於主室的正中位置，新娘旁坐伴娘，然後是雙方的親友按輩份長幼圍坐一圈。新人的座墊上用麥粒擺放「雍仲」圖案。入座後，送親人首先起身向佛像（佛龕）、房柱、「切瑪」斗及酒罈等讚頌、獻哈達，然後男方家向新人及送親人敬獻「切瑪」、哈達、酒和茶，男方家的好友鄉鄰也分別向新人及雙方家人獻哈達和禮品。此間，道吉祥者會滔滔不絕讚頌新郎、新娘及雙方父母，讚頌房屋、美酒、彩箭等。

　　婚禮時間的長短視主家的經濟條件而定，多的十幾天，一般五六天，但最少應舉辦三天。婚禮期間，男方家準備大量酒、飯款待客人，親朋鄉鄰也會贈送許多禮品。西藏一些地方還有「守日」的習俗。所謂「守日」，就是與男方家關係密切的摯友承擔婚禮期間某一天的吃喝開銷等費用。

　　舉行婚禮時，最活躍和最出風頭的人是道吉祥的人。他們口若懸河，讚美

之辭滔滔不絕，天文地理無所不涉，但又都與婚慶緊密相聯，其讚頌辭優美動聽，常引得眾人陣陣喝采。

　　道吉祥者描繪婚禮場面後，手持哈達，述說哈達的來歷：

　　哈達來源於漢地，
　　七位漢女將它織。
　　這條哈達名阿西，
　　哈達之中為上品，
　　邊有「雍仲」永固圖，
　　中間織有八瑞相，
　　旁邊織有右旋螺，
　　兩頭織有吉祥文。
　　揮向天風調雨順，
　　揮向地五穀豐登，
　　揮向左六畜興旺，
　　揮向右眾生平安。

　　道吉祥者將哈達獻給新郎新娘，然後又歌頌新婚夫婦道：

　　新郎好似神柏樹，
　　四季常青不變色。
　　常識淵博多謀略，
　　權勢富貴與山齊，
　　武藝超群且英俊。
　　新娘美貌賽天仙，
　　含笑猶如睡蓮開。

兩眼好似巨星明，
頭髮黑如烏鴉羽，
脖子就像寶瓶頸，
聲若杜鵑鳥啼鳴，
細腰扭動似藤竹，
牙齒好似白螺串，
小嘴就像一點紅，
啟齒含笑把人迷。
從此新娘把家主，
但願持家攏人心，
尊老愛幼勤操勞，
發家致富眾人敬。

向新郎新娘獻過哈達後，又向雙方父母敬獻哈達，並讚頌一番，祝福吉祥。然後手持彩箭，說唱道：

彩箭竹竿南谷戶，
南子三兄將它砍，
漢地花繩將它捆，
藏地犏牛將它運。
彩箭裝有鐵箭頭，
象徵殺敵不遺漏。
彩箭共有三竹節，
象徵濟世三怙主。
彩箭箭翎上朝天，
象徵度人的三寶。

彩箭飾有五綵綢，
象徵除邪招五福。
彩箭裝飾小海螺，
象徵兒孫多財富。
彩箭掛有銀質鏡，
象徵光耀四大洲。
彩箭插予新娘子，
從此不得有二心。

唱畢，將彩箭插在新娘的衣領上。

此外，道吉祥者還讚頌「切瑪」斗、媒人、酒、茶等等。道吉祥者不僅誦唱祝辭，還常常講出一些詼諧幽默、令人捧腹的逗笑語，使婚禮氣氛喜慶而熱烈。

婚禮期間，最忙和最熱情的是稱為「羌瑪」的酒女。她們負責向客人敬酒，來往穿梭於賓客之間。為了使客人喝得滿意稱心，她們唱歌跳舞，勸客人多飲酒。藏族的酒歌和對歌大多即興而發，很有特點。

下面是西藏崗巴一帶婚禮上的幾首對歌：

飲酒者：
四隻古瓢掛四方，
你能一一道來否？
你若不說聽我言，
此酒當由你來喝。

酒女：
要說四方四古瓢，

東頭掛有古銅瓢，
象徵漢地濃香茶；
南面掛有長柄瓢，
象徵甜蜜甘蔗糖；
西頭掛有福祿瓢，
象徵藏地陳佳釀；
北面掛有短柄瓢，
象徵藏北水晶鹽。

飲酒者：
東有三種白色物，
你能一一道來否？
你若不說聽我言，
此酒當由你來喝。

酒女：
東方三種白色物，
一是太陽暖人間，
二是月亮耀大地，
三是金星啟天明。

飲酒者：
上下共有十二門，
你能一一道來否？
你若不說聽我言，
此酒當由你來喝。

酒女：

要說上下十二門，

三扇門來聖智門，

人稱那是春三門；

三扇門來禳災門，

人稱那是夏三門；

三扇門來如意門，

人稱那是秋三門；

三扇門來自閉門，

人稱那是冬三門；

上六門來下六門，

春夏秋冬十二門。

飲酒者：

溝頭溝中和溝尾，

各具三種白色物。

你能一一道來否？

你若不說聽我言，

此酒當由你來喝。

酒女：

溝頭三種白色物，

長毛公牛蹄尖白，

黑白母牛乳頭白，

哺乳牛犢鼻尖白。

溝頭三種白色物，

釀酒阿媽牙齒白，

黃色銅瓢粘花白，

酒女海螺手鐲白。

溝頭三種白色物，

休耕田地神石白，

鵝黃神騎後跟白，

哺乳小駒鼻尖白。

　　歌美酒香，人們在婚禮期間痛飲狂歡。除唱歌跳舞等娛樂活動外，人們還玩藏牌、擲骰子、打麻將等，每人根據自己的喜好參加活動。

　　婚禮結束那天，全體客人參加「卓桑」儀式，儀式上煨桑、唱「協欽」大歌，拋撒糌粑粉，祈求神靈保佑，祝福主家吉祥安泰，其儀式的過程和形式同建房時的喬遷禮「康蘇」相似。儀式結束後，親朋鄉鄰可以陸續回家，但不能在同一時間告辭，而是分期分批離開，以免有人去樓空之嫌。客人辭別時，主人和留在家中的其他客人送到大門，向他們敬獻「切瑪」、酒和哈達。客人離開時，邊唸誦吉祥的祝辭，邊往主人家方向拋撒青稞或糌粑。

　　現在農牧區舉行婚禮傳統色彩仍較濃，古樸、風趣、熱鬧而隆重，儀式色彩濃厚。城鎮婚禮則不然，已帶有較多的現代色彩，賦予傳統婚禮以時代特點，婚禮方式已逐漸從原來的「儀式型」向「娛樂型」轉變，從「傳統型」向「現代型」轉變。婚禮中雖仍有請僧人擇吉日、向門柱獻哈達、請人唱祝辭、結束時舉行「卓桑」儀式等傳統內容，但大都只留其儀式的象徵意味，程序和內容大為簡化。許多繁縟的傳統禮儀已難覓蹤影，注入更多的是現代生活內容，拍婚照、用婚車迎新，用錄音機、音響或手機播放歌曲和頌讚辭，用攝像機攝錄婚禮全過程等已是常態。更有新潮者，鍾情旅遊結婚，讓自己的新婚蜜月在飽覽異鄉風情和兩人獨享的美好時光中度過。當然，旅遊結婚後大多還要籌辦婚禮請朋友同事吃喜酒才能過關。

4、婚後習俗

婚後習俗主要包括回門和離婚。

青年男女結婚後新娘何時回娘家，各地在時間上並不一致，有的是半年以後，有的需三個月，有的在婚後一個月左右就可回娘家。藏族過去有一個習俗，就是婚禮期間新娘絕不能回娘家。有時同一村莊或相鄰村莊的兩家聯姻，娘家雖近在咫尺，但新娘也不能回去，否則會遭到恥笑，新娘回門必須由丈夫和男方家家長陪同，不能一人單獨回去。

回門時仍有一些禮俗活動，但較之婚禮大為寬鬆，一個主要活動就是辦回門酒宴，回請那些在新娘出嫁時曾來行禮的女方家的親朋鄉鄰。款待完畢，還要給他們每人分送一份羊肉、烙餅等食物，並在烙餅上擱一塊酥油以示回敬。新娘在娘家住多少時日並無具體規定，住一段時間後回到婆家，開始自己人生旅程中做他人媳婦的生涯。

▲ 牧民夫妻

藏族青年男女婚前有較大的社交自由，婚後男女之間的交往則有所限制，一是社會輿論的顧忌，二是怕傷害夫妻感情影響家庭和睦。如果夫妻之間感情好，婚外情則較少發生。有的青年男女婚前就有性關係並育有孩子，如果順利結婚，一家人就和睦地生活在一起。如果因種種原因未能結婚，男方應給女方一定的補償，孩子由女方養育。在藏族社會，有一定數量的非婚生子女存在，社會輿論對這些非婚生子女和其母親並無偏見和歧視。未婚先育的女子結婚時，可將孩子帶到男方家，男方家會接納孩子，視同己出，享有同家庭其他成員同樣的權利。

因婚後感情不和或其他原因導致的離婚傳統上並無成文的法律手續，往往經親友勸阻無效便正式分離。夫妻分手時，原則上女子的嫁妝要帶走，家庭財產按當時家庭成員人數均分，孩子則多為男孩歸父親，女孩歸母親。婦女離婚和再嫁有較大的自由，不會受到非議。再婚時，一般不再舉行婚禮，即使舉行婚禮也較簡單。

5、招贅婚

招贅婚即男「嫁」女方家。社會輿論對「娶妻」還是「招婿」並無好壞優劣之分。女婿上門還是女兒出嫁由雙方家庭商定，有時還要通過星相師卜算打卦確定。一般情況下，招贅的人家往往沒有兒子，缺乏勞動力，通過招贅解決勞動力問題。有的是因為疼愛女兒，不忍心女兒遠嫁而招婿上門組成家庭。招贅婚的說親、訂婚和婚禮同娶妻婚的儀禮基本一樣，所不同的僅是迎接新郎去女方家，不必帶婚紗而已。女婿在妻家地位同其家人。

6、多偶婚

多偶婚制，指一妻多夫或一夫多妻的婚姻形式。在傳統藏族社會，除一夫一妻的單偶婚為主要婚姻形式外，還存在一定數量的一妻多夫和一夫多妻的多偶婚制。

一妻多夫婚在藏區各地都有，但分布很不平衡，尤其以西藏昌都地區的比例較大。據一九五〇年代的調查顯示，傳統的西藏社會一妻多夫家庭占百分之二十四，一夫多妻家庭約占百分之五，實際情況還要超過這個比例。一妻多夫家庭絕大多數都是兄弟共妻形式，只有極少數是朋友共妻。共妻家庭中，以兩兄弟共妻最為普遍，三兄弟共妻次之，四兄弟以上很少。

　　一妻多夫婚的締結方式均為娶妻婚，其婚禮習俗同一夫多妻婚的締結相同。舉行婚禮時，有的是兄弟同時作為新郎參加婚禮，有的是兄弟中的長兄作為代表參加婚禮，以後一種情況居多，即長兄到了成婚年齡後娶妻，弟弟們長大後同嫂子共同生活形成共妻家庭。一妻多夫家庭的子女對父親的稱呼有兩種情況，一種是稱家中的長兄為爸爸，其餘兄弟一律稱叔叔，另一種是將幾兄弟一概稱之為爸爸。在人們的觀念中，子女是家庭共有的。

　　藏族社會對一妻多夫家庭普遍持肯定和讚揚的態度，尤其在一妻多夫家庭盛行的地區這種婚姻形式深受人們的稱道。人們普遍認為，幾兄弟娶一個妻子能使家庭興旺和富裕，因為兄弟共妻可保證家產不分散，經商、務農、放牧都有人手幹，容易使家庭致富。藏族同胞注重親情和家庭倫理，對那些兄弟不分家、親人團聚、家人和睦的共妻家庭十分讚賞和羨慕。一妻多夫家庭至今在西藏一些地區存在。

　　一夫多妻婚，這種婚姻形式較少，主要存在於邊遠的農牧區。多妻婚在過去多是貴族、頭人和富裕戶的特權，他們憑藉權勢和財力娶多妻。平民中也有個別多妻婚存在，其形式主要是姐妹共夫，常出現於招贅家庭中，多是姐姐招贅後，妻妹後來加入其中，形成事實上姐妹共夫的一夫多妻家庭。平民中的姐妹共夫家庭同貴族頭人的多妻家庭有著質的區別，前者為自然形成，無妻妾之分，地位平等；後者則多是封建包辦性質的買賣婚姻，妻子之間地位相差較大。

　　多偶婚制既有歷史、經濟的原因，也有社會文化的原因。

▎四 喪葬習俗

藏族葬俗文化的發展經歷了漫長的過程。從文獻史料和考古遺存看，藏族的喪葬經歷過由野葬向土葬、繼而向天葬的演變歷程，並因而形成多種葬俗並存的格局。

葬禮是人生禮儀中的最後一個環節，標誌著人生旅途的終結。

喪葬習俗是人類社會特有的習俗文化現象。由於西藏各民族社會發展階段的不同，自然環境、經濟類型的差異以及宗教信仰和文化傳統等原因，各民族在喪葬方式、習俗禮儀上存在著較大差異。

1、水葬

水葬曾是藏族古老的葬俗，現在仍在藏南、藏東南高山狹谷地區以及林芝部分地區實行。水葬儀禮較簡單，將屍體背至江邊激流處，有的將包裹白布的整屍拋入江中，有的則肢解屍體後投入激流中。處理完畢，須將葬地清理乾淨。

2、土葬

土葬曾在西藏歷史上十分盛行，後來隨著人們喪葬觀念的改變，這一曾被人們尊崇的葬式成為最低下的葬式，遭到人們的鄙棄。在西藏大部分地區，土葬用於患天花、疫病和麻風病等惡性傳染病死者，也部分用於凶殺、偷盜及暴死者。葬儀簡單，一般挖深坑掩埋，不留墳冢。

3、崖葬

在西藏部分地區有崖葬習俗，其中，吉隆縣的崖葬有其代表性。人亡故後，根據死者的生辰、屬相，由當地有名望的喇嘛算卦，確定採用何種安葬方

▲ 林芝藏王墓

式（當地同時實行水葬、火葬等葬式）。如算卦為崖葬，家人需用鹽和酥油塗抹死者全身，有的地方還要用酥油堵塞死者五官，然後將屍體裝殮入木箱，也可用白布或無經文的經幡布包裹裝殮，停屍待葬。

出殯時間及葬地的選擇均由喇嘛算卦確定。在家停屍祭奠一般不超過三天，葬地則多選擇遠離人、畜活動區的自然崖洞或崖陰，這些崖洞或崖陰普遍具有通風、遮雨、乾燥的特點。出殯前一天，要派人修一條專供背屍上山的簡易小路。出殯時間一般在凌晨，天未亮時將屍體背出村。送至山崖洞穴後，按照喇嘛擇定的方位將棺木放好，無葬具者多將屍體擺放成盤腿坐姿，在死者面前放置酥油茶、青稞酒以及死者生前喜愛的食物，安置完畢，用石塊封閉洞口。送葬人返回時，須將去時的小道拆毀。

4、火葬

火葬是西藏部分農區和林區處理死者遺體的一種方式，在西藏腹心地區火葬則多為高僧大德圓寂時採用的葬式。

傳統火葬通常都具有二次葬特徵。普通人亡故或高僧圓寂後，需準備大量的木材和酥油，將遺體置於柴堆上，舉行一定的儀式後點火施行火葬，不時往火中添加酥油，直到遺體燒盡為止。然後，將骨灰拾起，或埋於山上或投於水中。而高僧大德火化後的骨灰一般要修塔供奉，有的則做成「擦擦」存放。火葬被人視為高級葬式。

如今，在拉薩新建了現代化的火葬場，人們開始慢慢接受這一新鮮事物，已經有部分當地居民身故後到火葬場殯葬。

5、塔葬

塔葬是西藏最高級別的喪葬形式，主要在高僧活佛圓寂後採用。高僧活佛圓寂後，將其肉身或火葬後的骨灰、舍利等建塔供奉，俗稱「塔葬」。典型的塔葬是建造靈塔保存肉身，亦稱之為「肉身之制」，這是西藏一種獨特的喪葬習俗。

塔葬最初起源於印度。印度最早埋葬屍骨的墳冢稱為「窣堵波」，即梵文 Stupa 的音譯，相當於漢語的「塔」。相傳佛陀釋迦牟尼圓寂後，弟子們火化佛陀遺體時獲得了許多晶瑩明亮的五色珠子 —— 舍利子。這些佛陀的舍利子被弟子們視為無價珍寶，分別建造了八座靈塔供奉，開創佛教建塔供奉靈骨之先河。

藏式佛塔始建於松贊干布時代，西元八世紀中後期西藏第一座寺院 —— 桑耶寺修成後，佛塔開始大量出現於藏地。桑耶寺烏孜大殿的東南西北四角分別建了規模宏大的白塔、紅塔、黑塔和綠塔，而桑耶寺的四周圍牆上則建有微型佛塔一○○八座。在中古時期和近代，西藏各地都有規模盛大的塔群，通常

▲ 五世達賴喇嘛靈塔

是由一〇八座相對獨立、形制各異的佛塔排列而成。藏式佛塔數量多、規模大、分布廣,成為藏區特有的景觀,也是藏族信仰文化和建築藝術的重要組成部分。

藏式靈塔比作為佛教象徵物的佛塔出現晚一些,最早出現於藏傳佛教「後弘期」初始階段,約西元九世紀末十世紀初。到十一世紀時,史料記載中便有了藏族的塔葬。在西藏數量眾多的靈塔中,以歷輩達賴喇嘛和班禪喇嘛的靈塔最為著名。達賴喇嘛的靈塔除一世至四世分別建於扎什倫布寺和哲蚌寺外,從第五世開始歷輩達賴喇嘛的靈塔都建於拉薩布達拉宮(六世達賴喇嘛未建靈塔),其中以五世達賴喇嘛和十三世達賴喇嘛的靈塔最為華貴壯麗。如五世達賴喇嘛靈塔建於一六九〇年,塔高十四點八五米,由塔座、塔瓶、塔剎三部分組成,建造靈塔共花赤金十一萬餘兩,鑲嵌的稀世珍寶數以萬計,該靈塔被譽為「世間之飾」。

一世至三世班禪的靈塔祀殿分別修於甘丹寺和安貢寺,從四世班禪開始,歷輩班禪喇嘛的靈塔均修建在扎什倫布寺內。

十世班禪大師於一九八九年一月二十八日圓寂,國務院決定為班禪大師修建靈塔和祀殿,中央政府拔專款六千四百多萬元、六百多公斤黃金、五百多公斤白銀,於一九九〇年九月二十日在扎什倫布寺破土動工。一九九三年八月三十日,靈塔祀殿「釋頌南捷」建成後,舉行了隆重的十世班禪法體安放儀式,將十世班禪的肉身放至靈塔內永久保存,供世人朝拜瞻仰。

6、天葬

　　天葬,是西藏最典型的喪葬方式,藏語稱為「恰多爾」,意為「喂鳥（鷹鷲）」,西藏各地的天葬風俗大同小異。由於受宗教觀念的影響,藏族人篤信靈魂不滅和轉世再生,喪葬過程的諸多繁縟活動多與生生不滅的靈魂與再生觀念相關。

　　人亡故後,親友會到喪家協助處理後事。一方面,需要前往寺廟請僧人到喪家做超度法事;另一方面,需要處理各種善後事宜,如購買土陶罐和藏香。舉行祈願法事後安置亡者,通常將亡者置於死亡時屋子的角落,雙腿彎曲,頭部彎到膝蓋處,用繩捆縛成為蹲式,形似胎兒狀,表示亡者像胎兒一樣獲得轉生,再用白藏毯把屍體裹住,放在屋內一角;需用土坯作墊,忌用床或其他東西作墊。亡者家人在門口吊掛一個陶罐,罐子裡放有三葷（血、肉、脂）和三素（乳、酪、酥）的糌粑火煙,供死者靈魂享用。

　　出殯的時間根據卜卦決定,出殯的時辰多定在凌晨五點以前,週六和週日一般不出殯。屍體背出喪家前,從停屍處到房門外的院落間需用白粉劃兩條線,背屍人只能從線內通過,意在預防亡靈四處遊蕩。出殯時,先是由僧人引

◀ 拉薩北郊帕崩崗天葬場

路，由亡者後代把屍體背到屋門口，背著屍體繞桑煙堆順時針、逆時針各轉三圈後離開。到院外後則由專門找尋的背屍人背往葬地。在出殯隊伍背走屍體的同時，立即由專人清掃屋子和抬屍時劃的白線，將墊放屍體的土磚、清掃的垃圾和掃把等扔到十字路口，人們相信這樣亡靈便不會再找到家門。

天葬台多在遠離鬧市的深山野嶺，且多在寺院附近。屍體放上天葬台之後，天葬師就在旁邊燒起松柏香草，上面撒上三葷、三素糌粑，青煙裊裊升起。天葬師的職責是處理亡者的屍體，這是天葬的中心環節。各地在施行天葬時具體做法有所不同，但程序和過程一般為唸經、煨桑、屍體處理和清理葬地。

喪葬儀式結束後，藏族有「七期薦亡」習俗，即在七七四十九日之內逢七要做佛事。據藏文史料記載，「七期薦亡」習俗受中原漢族的影響。在人們的傳統觀念中，人的中陰身（即前身已棄而後身未得之間）能夠維持的最長期限是四十九天。葬後禁忌較多，如家人一年內不參加任何娛樂活動，藏族人尤其忌諱在眾人面前直呼亡者的名字。葬後習俗的一個重要活動是週年祭，藏語稱之為「龍卻」。週年祭並不一定在死者的祭日舉行，而是根據歷算選擇良辰吉日。屆時，除了請來僧人唸經祈禱舉行法事外，主人設宴歡聚，歡慶亡者已經投胎轉世並開始了新的人生。週年祭之後，一般再無活動。

第三章

瑰麗幻想 神聖時空
—— 西藏信仰民俗

▌一　民間信仰

　　藏族民間宗教與信仰歷史悠久，其源頭可追溯到「萬物有靈」的古老觀念。原始信仰作為遠古先民的「哲學」和思想文化體系，在藏族信仰流變史上留下了厚重的文化積澱。苯教的產生和發展，佛教的傳入和藏化，雖然對藏族原始信仰衝擊很大，但作為民族深層文化積澱的古老信仰卻保存了下來，仍然與人們的生產生活有著密切連繫，以自然崇拜為特徵的古老信仰和已系統化、制度化的苯教和佛教的信仰兼容並蓄。

　　藏族民間宗教與信仰集中表現為對大自然、靈魂、圖騰、祖先的信仰和崇拜。

1、自然崇拜

　　在藏族的自然崇拜中，對與人們生產生活密切相關的山、水、火的崇拜十分突出，對日月星辰等自然現象以及「天」的崇拜也值得關注。

　　地處世界屋脊的青藏高原，有著世界上最雄奇、最壯觀的山脈，有著難以計數的巍峨的山峰。這些或突兀高聳或秀麗俊美的群峰構成了西藏特有的景觀，為生於斯長於斯的藏民族提供了山神崇拜的現實基礎。

　　在藏族觀念中，雪域高原上的任何一座山峰都有神靈居住或本身就是神靈的化身。藏族對山神的崇拜最初有著濃厚的地域性色彩。由於人們生活在不同山系的群山懷抱中，更由於人們生活在不同的氏族部落社會中，因而生活在不同地方的人們崇信的是各自地域內的神靈，不同的神靈之間並沒有大小高低之分。隨著部落聯盟的出現、等級和階級的劃分以及民族的形成，山神之間的地位開始有了高低和大小之分。這樣便有了念青唐拉山神統領三百多小山神的傳說和記載；而有的當初只是地域性的部落神靈則演變成大的區域甚至是整個西藏的大山神，這就是有名的藏南雅拉香波山神。

西藏有龐大的山神體系。下面是具有代表性的幾大神山。

雅拉香波

雅拉香波又叫斯巴大神雅拉香波，簡稱大神香波。雅拉香波山神的居住地在雅礱河谷的雅拉香波山上，它是雅礱河谷所有本地神和土地神的首領，後為蓮花生大師收為佛教的護法神。傳說它常以一個大白犛牛的身形顯身，從嘴裡不斷噴出雪暴，是一個軀體白如海螺，穿白衣服並化身獸形的神靈。敦煌古藏文寫卷中多次提到雅拉香波為「最高之神」。雅拉香波山神有無比的法力，可以摧毀岩石，引發洪水，甚至可以化身為人與人交合生子。吐蕃歷史上著名的七賢臣之一的茹拉傑，相傳就是他化身為白犛牛同止貢贊普妃子交合後所生。作為最高神靈，山神統領雅礱所有地方的保護神和土地神，甚至有「十億戰神都歸雅拉香波管轄」的說法。

▼ 納木那尼雪峰，藏語意為「聖母之山」，相傳是神山岡仁波齊的母親。

▲ 雅拉香波神山

念青唐拉

　　念青唐拉又叫唐拉雅秀、唐拉耶秀或雅秀念之神，它是藏北念青唐古拉山脈的統治者，相傳他是統領唐古拉山脈三六〇個山峰的主神。念青唐古拉山脈橫亙於西藏中部，綿延一千六百餘公里，穿過人跡罕至的藏北地區。念青唐古拉山神是「十八掌霜神」的成員之一，在不同的場合有不同的身相，最常見的是身穿白絲衣白棉布服，騎四蹄踏雪神馬，右手持藤杖，左手持水晶念珠，由眾多隨從簇擁著馳騁於三界。念青唐古拉山神的妻子便是山下著名的湖泊納木錯。

▲ 念青唐拉神山下的經幡

岡底斯

　　岡底斯是西藏最著名的神山之一，既受到藏族的崇拜，也是印度教、耆那教、苯教、佛教等信徒共同崇拜的聖山。岡底斯山坐落在西藏阿里普蘭縣境內，其主峰崗仁波欽呈金字塔式的形貌，一年四季白雪覆蓋，顯得巍峨、奇特而神祕，歷來為人們所敬仰。在人們的古老觀念中，岡底斯雪山是大讚神的居地，苯教則將其視作「九重雍仲山」；佛教傳入後，岡底斯山被看作世界的中心，是勝樂佛的聖地，崗仁波欽峰被視作無量宮的宮殿。岡底斯山同時被原始宗教、苯教和佛教所崇信，佛教和苯教曾為爭奪聖山而鬥法鬥智鬥勇，至今仍有許多傳說和聖蹟傳流。今天，每當藏曆馬年，成千上萬來自雪域不同地方的人們會千里迢迢到岡底斯轉山朝聖，成為馬年的一大奇觀。

　　與神山崇拜相對應的是藏族的聖水信仰。西藏有世界上最高的江河湖泊，作為藏族母親河的雅魯藏布江等江河滋養孕育著藏民族，從「大江大河之中以

雅魯藏布江碧水最為流長」的記載足以看出，古代藏族先民對雅江的崇敬與信仰。西藏高原擁有大小湖泊一千五百多個，是中國乃至世界湖泊最多的地區之一。這些碧綠晶瑩的湖泊像一顆顆鑲嵌在高原上的藍寶石，深受人們的信仰膜拜。

西藏有著名的三大神湖。

納木錯

納木錯，意為天湖，位於今拉薩市的當雄縣和那曲地區的班戈縣之間。湖面海拔四七一八米，長約七十公里，寬約三十公里，面積一九二〇平方公里，是西藏境內最大的湖泊，也是中國第二大鹹水湖，素以海拔高、面積大、景色美而著稱。納木錯湖中有五個小島，另有五個半島與湖相接，其中扎西半島達十平方公里，島上有石林、溶洞等自然景觀。藏族民間信仰認為，納木錯是神山念青唐拉的伴偶。藏傳佛教認為納木錯是佛母金剛亥母仰臥的化身，身語意

▲ 納木錯

俱全，是藏傳佛教的著名聖地。轉湖朝聖能獲無量之功德，並能消除惡習和一切煩惱痛苦。因此，每逢藏曆羊年，無數的信徒香客不惜長途跋涉來轉湖朝聖，寺廟也要舉行各種法會祭奉供養。

羊卓雍錯

羊卓雍錯，意為「上部牧場的碧玉湖」，位於山南地區浪卡子縣境內。羊卓雍錯湖東西長一三○公里，南北寬七十公里，湖岸線總長二五○公里，湖水面積六三八平方公里，湖面海拔四四四一米，是喜馬拉雅山北麓最大的內陸湖泊，湛藍清澈，絢麗多姿。藏族民歌讚美她「天上的仙境，人間的羊卓」。

瑪旁雍錯

瑪旁雍錯即「永恆不敗碧玉湖」之意，地處今阿里地區普蘭縣境內，位於岡底斯神山崗仁波欽峰東南面。瑪旁雍錯湖面海拔四五八七米，面積為四一二平方公里，是世界上海拔最高的淡水湖之一。唐朝高僧玄奘在《大唐西域記》

▲ 神山聖湖 ── 岡仁波齊與瑪旁雍錯

▲ 納木錯扎西半島上的經幡

裡把瑪旁雍錯稱為「西天瑤池」。作為西藏最著名的神湖，瑪旁雍錯與岡底斯山一道同為原始信仰、苯教、佛教以及印度教、耆那教所崇拜，而不同宗教對於瑪旁雍錯又有不同的解釋和描述，賦予它不同的功能。

　　苯教尊瑪旁雍錯為生命或命根湖，是生命之源，具有無窮財富和功德，認為用其沐浴能清潔所有污垢，消除災難惡緣，成就一切事業，延年益壽。轉湖朝聖、飲用亦是功德無量。藏傳佛教則認為瑪旁雍錯是勝樂大尊賜給人們的甘露，湖水具有八種功德，飲用、沐浴可滌除各種妄念、煩惱和罪孽，可達大樂空行界，轉湖朝聖可獲正覺果。它被藏傳佛教各派所崇拜，圍繞瑪旁雍錯有八個寺廟，正好分布在湖的四面八方。東有直貢派的色瓦龍寺，東南有薩迦派的聶過寺，南有格魯派的楚古寺，西南有主巴噶舉派的果足寺，西北是以五百羅漢修行的山洞為基礎建立的迦吉寺，西有齊悟寺，北有主巴噶舉派的朗那寺，東北有格魯派的本日寺。

印度人認為這裡是大神濕婆和他的妻子烏瑪女神的浴池。正因為如此，每年都有一批批印度教徒翻越喜馬拉雅山口，歷盡千辛萬苦到岡底斯山和瑪旁雍錯朝聖，到聖湖邊沐浴。同藏族朝聖者一樣，許多人還要用器皿盛上聖水帶回去，送給不能前來的親朋。

　　除以上三大神湖外，在西藏還有許多有影響的湖泊，如離瑪旁雍錯不遠處的鬼湖「拉昂錯」、浪卡子縣境內的普莫雍錯、藏北西部苯教著名神湖當惹雍錯。還有一些湖泊與藏傳佛教關係密切，如藏北安多的錯那湖，相傳是藏傳佛教格魯派大活佛熱振活佛的「魂湖」。而山南加查縣境內的拉姆拉錯湖（意為「仙女魂湖」）更為神祕和特殊，這個在群山環抱中面積僅約一平方公里的高原湖泊有著殊勝的靈性，每當尋訪達賴喇嘛等藏傳佛教大活佛轉世靈童時，必須到此觀湖，根據湖水顯示的影像以確定轉世靈童的尋訪方向和基本特徵。據說，虔誠的朝聖者能從湖水呈現的幻影中看到自己的命運和來生。

　　藏族先民對天體和天象的崇拜由來已久。「天」在人們的觀念中最初並沒有特定的所指，既指浩渺蒼穹中日月星辰等天體，也指風雨雷電流星日食等天象，同時也沒有像山神崇拜那樣有明晰的天神形象，然而「天」在人們的心目

▶ 鬼湖拉昂錯

中卻占有很高的地位。根據古老的觀念,「贊」神就是居住於天界虛空,而後期產生的苯教神話更明確地提到,西藏的第一位贊普聶赤贊普便是作為天神之子入主人間的。聶赤贊普連同後來的六代贊普,亦即「天赤七王」,均是以「天神之子做人間之王」,當他們完成了在人間的使命後又「逝歸天界」,「在人們目睹下返回天宮」。

藏族對「天」的崇拜表現在許多方面。藏族英雄史詩《格薩爾王傳》中的格薩爾王便是天神為拯救人世間的黎民百姓從天界派到人間來的。在許多民居的門上和帳篷上繪製日月圖案,在民居的房簷或牆上、房頂上放置白石,在房頂四角稱為「拉秀」的土台上插掛名叫「塔爾覺」的五色旗旛,從上至下依次

◀ 工布第穆薩石刻

◀ 雍布拉康後山的經幡

為藍、白、紅、綠、黃五色，分別代表藍天、白雲、紅火、綠水和黃土（各地的解釋略有差異）。這些文化現象，大都是原始天體與天象崇拜與信仰的遺留。

藏族對火的崇拜集中反映在灶神信仰以及對火灶的相關禁忌禮俗上。藏族稱灶神為「套布拉」，需小心伺候，絕不能褻瀆得罪灶神，否則會帶來災難。

2、精靈信仰

藏族民間信仰中，與神山崇拜和聖水信仰相關的是藏族古老的「年」神、「贊」神和「魯」神信仰。

「年」「贊」和「魯」都是藏族先民崇信的精靈。年神、贊神和魯神分別住在地上、天界和地下，只是早期這三界神靈的居地並不是絕對的和固定的，如贊神它既可以居住於虛空，也可居住於山峰和石崖。

「年」是一種在山林溝谷中遊蕩，在山峰、石縫、森林中安家的精靈。在人們的古老觀念中，年神與山神關係密切，「念青唐拉」就是「大年唐古拉神」的意思，在藏族先民心中有崇高地位。

「贊」是一種以猛獸為基本特徵的勇猛凶悍的精靈，贊神和年神在人們的觀念中有時指同一類神靈，人們習慣合稱為「年贊」。贊神與山神也有著密切的關係，文獻中記載，岡底斯山就是大讚神的居地。蓮花生大師在藏地降妖伏魔過程中，包括像念青唐拉這樣的大年神都被降服而成為佛教的護法神。

「魯」是一種生活在地下的精靈。「魯」泛指地下的尤其是水中的生物，諸如魚、蛙、蛇、蟹、蝌蚪等。早期的「魯」不但形象模糊，居住也很紛亂，它們不僅住在河湖中，而且超出了與水有連繫的處所。它們是一種可以隨時附身或者變為魚、蛙、蛇、蟹的精靈，並且無時無處不在。它威脅著人類的生命，相傳是人間四二四種疾病之源，瘟疫、傷寒、天花、麻風病無不與之有關，人們時時謹慎敬奉。魯神對人類的強大威懾，也決定了人類對其崇拜的形式。對魯神的祭祀活動，一般都在河、井、池、江、渠、湖泊處進行，掛放經

幡和供祭食物是魯神精靈喜歡的形式。

　　年神、贊神和魯神都是原始神靈。苯教產生之後，這些原始神靈大都被歸入苯教神靈家族；而佛教傳入後，有的再次被納入佛教神靈系統。

3、動物崇拜

　　藏族先民對鷹鷲、犬、「拉恰貢姆」（藏雪雞）、羱羝、犛牛等動物都有過崇拜的歷史。

　　羱羝崇拜。羱羝為大角牡羊。《舊唐書‧吐蕃傳》記載：「其俗重鬼右巫，事羱羝為大神。」在卡若遺址發現的動物骨骼中有青羊和鬣羊的骨頭，在西藏發現的岩畫中有羊形紋飾和羊的完整形象，可見藏族對羊的崇拜歷史的久遠。今天，我們還能在現實生活中找到羊崇拜的痕跡。比如過藏曆年時，人們除了供「切瑪」外，還要擺放一個羊頭，以表祥瑞和預祝來年的風調雨順。

▲ 白犛牛與神湖

▶ 獼猴變人神話的現代雕塑

犛牛崇拜。在《什巴宰牛歌》中，犛牛是世界形成之源；在藏族的民間神話傳說中，犛牛肢體化身萬物。犛牛因在藏民族生產生活中的極端重要性而備受關注和崇拜。今天，人們仍可看到山頂、河畔瑪尼堆上和房屋門楣上的犛牛角，也可看到令人捧腹的賽犛牛和憨態可掬、溫馨吉祥的犛牛舞，這些都是古老犛牛信仰在今天的真實再現。

獅子崇拜。藏族所謂的獅，大都在前面加一個「雪」字，稱「雪獅」。有一則古老的傳說：很久以前，雪域西藏有很多動物，由於經受不住冰雪嚴寒的襲擊，紛紛遷徙，只有雄獅經受住了寒冷的考驗，仍然在雪山上生活繁衍。對於雄獅，藏族人有廣泛的尊崇心理，在膾炙人口的《格薩爾王傳》中，格薩爾的另一個尊號便是「雄獅大王」，因為雄獅這一形象代表著勇敢、威嚴、無堅不摧和無往不勝。

4、圖騰崇拜

藏族圖騰崇拜集中反映在獼猴崇拜上，獼猴變人的神話傳說便是藏族獼猴圖騰崇拜的典型反映。

藏族猴子變人的神話講：很久以前，西藏山南地區雅礱河谷，氣候溫暖，山深林密，在山上住著一隻猴子。後來，這隻猴子同岩魔女結為夫妻，生下了

▲ 在犛牛頭的額部刻有六字真言，是廣大牧民的「圖騰崇拜」。

六隻小猴。老猴把這六隻小猴送到水草豐茂的樹林中生活。過了三年，老猴再去看時，已經繁衍到五百多隻。由於吃食不夠，猴子餓得飢腸轆轆，吱吱悲啼。老猴看到這種情景，便把群猴領到一處長滿野生穀物的山坡。眾猴吃了野穀後，身上的毛慢慢變短，尾巴也漸漸消失，後來又學會了說話，逐漸變成了人。

猴子變人的神話除了在民間廣為流傳外，許多藏文古籍中也有詳略不同的記載，還有一些與猴子變人相關的遺跡和歌舞活動。如山南的澤當鎮（意為「玩耍的壩子」），相傳是人類遠古祖先猴子玩耍的地方。緊靠澤當鎮的貢布日山，相傳就是神猴修行的山，山上至今還有神猴修行時的洞穴，受到人們的朝拜。澤當一帶每年還有戴猴面具、模仿猴子動作的歌舞活動。在拉薩新石器文化遺存 —— 曲貢遺址中，發現了一件浮雕猴頭像，說明藏族獼猴崇拜有著極為悠久的歷史，至少在四千年前藏族先民就有獼猴圖騰崇拜。

5、靈魂信仰

「靈魂」藏語稱「啦」。藏族民間相信靈魂與肉體是二元分離的，靈魂需要依附在一定物體（肉體）之上，靈魂不滅，可以轉體。

在靈魂信仰方面，藏族民間普遍相信靈魂可以寄居在其他物體上，如寄居在樹上的靈魂樹、寄居於山體的靈魂山、寄居於湖泊的靈魂湖、寄居於寶石的

靈魂玉，等等。眾多的寄魂物構成了藏族靈魂信仰特有的風貌。

藏族民間還有人體自身之靈的觀念，這就是對陽神或男神和戰神或敵神的信仰。與男神（陽神）相對的還有女神（陰神），男神位於右肩，女神依附於左肩。藏族民間認為陽神是命燈。男人的右肩有盞燈，假如弄滅了這盞燈，人就會死亡。一般來說，越是身體健康的人，這盞燈就越明亮；身體虛弱多病的人，這盞燈就不太明亮，甚至昏暗欲熄。命燈旺的人，白天血氣旺盛，惡鬼不敢靠近，即使晚上，惡鬼也不敢侵犯。據說鬼怕光亮，它若想害人，首先得弄滅這個人的命燈。人們忌諱別人拍自己的肩膀，尤其忌諱女人拍男人的右肩，就是出於陽神是命燈的考慮。

戰神是一種保護神，也依附於人體的右肩。戰神既保護個人，也保護氏族或部族。每個人都有自己的戰神。打仗時，它幫助主人戰勝敵人，保護主人的安全。在藏族著名長篇英雄史詩《格薩爾王傳》中，可以見到對戰神的描繪。

藏族民間還有「央」的信仰和觀念。「央」意為「福澤」或「運道」。「央」

▼ 班公湖

是藏族萬物有靈觀念的特殊表現形式。在人們看來，所有物質的東西（包括生命體和無生命體）的背後都存在著「央」（靈氣），如馬有馬央，犛牛有犛牛央，黃金亦有央。如果一個人想賣掉他的馬或牛羊，就會從其牲畜背上揪下一撮毛，以示把「央」留在家裡，不致流失，否則家畜會不興旺。許多地方在大年初一拂曉，人們爭相到泉水處搶背第一桶水，認為水中的「央」會在新的一年給家庭帶來福運和吉祥。在傳統結婚儀式上，當新娘離家之際，娘家人要舉行「央固」的招福儀式，希望把姑娘的「央」留在家裡。在人們看來，姑娘的出嫁有可能招致娘家「央」的流失，招福儀式的目的就是把「央」留在家中。

藏族民間對出生神和土地神的信仰亦與靈魂崇拜有關。藏族稱出生神為「格拉」、地方神（或家鄉神）為「域拉」、土地神「希達」或「薩達「（有人譯作「土主」）。「格拉」意為「出生神」或「生命神」。民間認為每個人出生都有出生神，每個村莊或每個區域擁有共同的出生神。「域拉」是整個村莊的保護神，祭祀該神可使風調雨順、防雹除霜、五穀豐登。與「域拉」相連繫人們還信仰「希達」，也是一種地方神祇，其作用與「域拉」相似，祭祀該神通常是在山頂搭壘巨石或石柱的標誌物。西藏各地都有受到當地民眾信奉的「域拉」或「希達」，如後藏江孜一帶最大的「希達」名為「波沃希達」。在藏語中「波沃」為祖父之意。「波沃希達」居於江孜北面最高的山峰上，其下方是廣闊的江孜平原，「波沃希達」是江孜地區民眾共同信仰的山神，可見地域神靈與靈魂觀念和祖先崇拜亦有著密切的關係。「域拉」「希達」和「格拉」三神在民間有時不易分清，他們都是村寨的守護神，能夠保護人畜平安、風調雨順。三神中「希達」的依託處神壘建在山峰頂上，「格拉」和「域拉」的神壘建在離村莊較近的山上或村中心。

6、巫師與巫術

藏族民間巫師因職能不同地域差異而有著不同的稱謂，常見的有「拉巴」（神漢）、「阿巴」（咒師）、「巴臥」等。

巫師的傳承有神授、世襲、師承三種情況。所謂神授，是指突患重病而又痊癒者，或久睡數日大夢初醒者，他們回憶起曾與神靈遨遊，接受神的旨意和教誨，於是能唸咒誦經、施行巫術，此人即被視為神授。二是世襲，即父傳子、子傳孫，世代相傳。三是師承，即拜師學藝而成為巫師。

藏族民間巫師不是職業宗教者，平時參加生產勞動，只有在某種儀式上，或進行占卜施行巫術時，才享有神聖的榮光。

藏族民間巫術有祈求巫術、詛咒巫術、驅鬼巫術等。

青藏高原氣候多變，冰雹、暴風雪時有發生，對農牧業生產和人畜、財產構成極大威脅。藏族地區的祈求巫術，主要用於防雹、求雨或免除其他災害。求雨巫術可在旱情發生時舉行，也可在旱情發生前的每年固定時間舉行。祭獻巫術多在驅鬼巫術不奏效之後舉行，以求鬼怪精靈大發慈悲，不再作祟。詛咒巫術又稱「魘勝咒人」或「魘勝巫術」，是一種詛咒仇敵，以期達到危害對方的巫術。驅鬼巫術既有巫師主持施行的，也有普通百姓自發進行的，如過藏曆年時的驅鬼活動便是民間典型的驅鬼儀式。

7、占卜術

藏族民間占卜術主要有以下幾種：

鳥卜

鳥卜的歷史久遠，敦煌文獻中就有對鳥鳴占卜的記載。藏族民間仍有通過觀察鳥叫預測吉凶的方法。

線卜

以牛羊毛線繩作為占卜工具的方法。

箭卜

以箭為工具的占卜術。

骨卜

以羊和牛的肩胛骨作為卜具的占卜術，其基本方法是將羊或牛的肩胛骨燒灼後驗其紋裂，聽其聲，以判斷吉凶。藏族骨卜歷史悠久，在敦煌古藏文殘卷中就發現有吐蕃羊骨卜辭，記錄了骨卜釋辭，內容涉及從軍、國大事到平民百姓日常生活的各個方面。

民間占卜術還有骰子卜、鼓卜等方式。

藏族民間信仰還有許多其他表現形式，其信仰行為與活動方式繁多。由於藏族民間信仰的綜合性特徵，它與苯教和佛教的信仰行為與活動方式是交織混溶在一起的。

▎二　苯教信仰

　　苯教，藏語稱為苯波，是佛教傳入藏地之前的古老宗教。苯教是以西藏地方的自然崇拜為基礎，在外來宗教文化的影響下產生的，後又與佛教文化相融合，對西藏文化的發展產生了巨大影響。

1、苯教的歷史發展

　　苯教在發展的早期階段，吸收了許多原始崇拜的內容，致使不少人長期視苯教為原始宗教，忽略了它同原始宗教的重大差別：原始宗教是泛神論的自然宗教，苯教已是體系化的人為宗教。苯教有創始人，有系統的教義教法，有經典、信徒和寺院，這是自然宗教無法比擬的。尤其是經過後期的佛苯鬥爭，苯教面貌同自然宗教差別更大，而與佛教文化頗有相似之處。

　　相傳苯教的創始人為辛饒・米沃且，辛饒・米沃且對苯教系統化作出過傑出貢獻。苯教最早源於魏摩隆仁，然而魏摩隆仁在何處則有不同的解釋。有人認為在大食，有人認為在象雄，還有人認為在西藏的西部某處。在苯教徒心目中，這塊地方是神聖的樂土，永遠不會消亡，哪怕這個世界最後毀於烈火之時，它也會騰升上空，和天國裡另一個苯教聖地合二為一，被稱為什巴葉桑。

　　苯教的發展經歷了三個階段。第一階段為「篤苯」階段。「篤苯」即所謂自在苯教，盛行於第一代藏王聶赤贊普所開始的「天赤七王」時代。第二階段為「洽苯」階段。「洽苯」，意為遊走苯，指自外流傳來的苯教，始自第八代贊普止貢贊普，盛行於吐蕃王朝建立前的數百年間。第三階段為「覺苯」。「覺苯」意為翻譯苯，指佛教傳入西藏後，佛苯相互鬥爭和相互融合，苯教徒改佛典為苯典。此時的苯教已是佛苯互融後有嚴密理論體系的宗教。

　　西藏歷史上，苯教曾顯赫過相當長的時間。在佛教未傳入前，苯教既是普通群眾的重要信仰，又是統治者治理王政的工具。在佛教傳入後的相當長時

期，苯教作為一股強大的政治勢力仍左右著吐蕃王室，作為強大的宗教力量影響著吐蕃社會。西元八世紀中後期，苯教在同佛教的鬥爭中敗北，在政治上威風不再，勢力逐漸衰微。藏傳佛教諸教派形成後，苯教受到排斥和歧視，被貶斥為「黑教」，影響大不如前，多在邊遠地區傳播。

西藏各地現有苯教寺廟一百餘座，僧人數千名，信教群眾眾多。除昌都和那曲地區苯教寺廟和信徒較集中外，如昌都有苯寺五十多座，那曲有苯寺三十多座，拉薩、林芝、日喀則、阿里都有苯教寺廟和信徒。此外，在四川、青海、雲南等藏區也有苯寺和信教群眾。西藏的則珠寺、丁青寺、郭棍寺、熱那雍仲林等都是著名的苯教寺廟，林芝苯日山是苯教最大的神山，轉山朝聖者絡繹不絕。而苯教寺廟、苯教壁畫、苯教經典、苯教法器、苯教法事、苯教服裝等同藏傳佛教亦有較大差異。轉經唸誦形式也不相同：佛教轉經時視順時針為「正轉」，逆時針為「外轉」；苯教則相反，推崇逆時針轉經，視為「正轉」。信佛群眾唸誦六字真言，苯教信徒則念八字明咒。

2、苯教神靈

早期的苯教崇奉眾多的神靈鬼怪，繼承了許多原始信仰，如崇拜自然界的日、月、星辰和大山，相信天界的存在，相信非凡的人物來自天界，最後能返回天界，光繩是他們上下天界的工具，而位於天地之間的高聳入雲的大山，則是天與地的結合處，連接著天上人間，因而苯教十分崇拜大山，尤其是象雄境內的著名神山——岡底斯雪山被稱為「靈魂山」「九重雍仲山」。

苯教的神靈系統十分複雜，除上面所列的天、地和地下的幾類古老而原始的神靈外，早期苯教還將民間所信仰崇拜的土地神、灶神、陽神、戰神、箭神等統統納入自己的神靈體系中。在苯教系統化和理論化之後，苯教神靈家族中又增加了許多新成員，如所謂「最初四尊」即薩智艾桑、辛拉俄格爾、桑波奔赤和辛饒·米沃且，「塞喀五神」即貝塞恩巴、拉部托巴、卓卻卡迥、格措和金剛橛（降魔橛）等。佛苯融合後出現的新神靈，已失去了早期苯教神靈的原

始性和拙野性。這些神靈大多供奉於苯教的廟宇殿堂，與普通民眾的生產生活並無直接關係，一般不為民間所知曉和供奉。

苯教的儀式複雜而繁多，諸如婚嫁喪葬、傳宗接代、延壽增福、避災免禍、招來財運、預祝豐收、驅除惡魔、治療疾病、求神打卦等都有完整而系統的儀式。從事這些儀式的苯教巫師眾多，因其職能不同又可分為不同的類別：如「恰賢類」，主要職能是占卜吉凶；「楚賢類」，主要職能是從事巫術活動，以「阿年」為其代表，如今的「阿年」以防雹和占星兩項活動為主，尤以施行巫術防雹聞名，被稱為「防雹喇嘛」；「都爾賢類」，主要職能是與各種鬼魂打交道；「朗賢類」，其職能為祈福禳災。苯教巫師仍活躍於西藏民間。

▌三　藏傳佛教信仰

1、佛教的傳入與發展

　　佛教最早傳入吐蕃的時間，一般認為始於第二十八代贊普拉脫脫日聶贊，實際應為松贊干布時期，即西元七世紀初。松贊干布的文臣吞彌・桑布扎創製（或規範）文字，翻譯了《寶雲經》等經典；尺尊公主和文成公主先後同松贊干布聯姻，虔誠信佛的兩位公主分別帶來了釋迦牟尼佛像，並建立大昭寺和小昭寺，使佛教從古印度和中原進入吐蕃。譯經和佛像的傳入，標誌著佛教在西藏的真正傳播。

　　佛教在吐蕃的立足與發展並不是一帆風順的，同苯教長期複雜的鬥爭貫穿於整個吐蕃王朝的歷史，歷時二百餘年。

　　赤松德贊時期，修建了西藏歷史上第一座佛法僧三寶齊全的寺院桑耶寺，

▲ 桑耶寺烏孜大殿

延請菩提薩埵（寂護）和白瑪迴乃（蓮花生）等印度佛學大師和漢僧來藏傳法，剃度僧人，大規模翻譯佛經，排斥和打擊苯教，使佛教在西藏得以立足和發展。赤祖德贊（赤熱巴巾）亦大力推行佛教，然而苯教勢力並沒有善罷甘休，他們設計謀殺了赤熱巴巾，擁立其兄長朗達瑪為贊普。朗達瑪上台後封閉寺廟、毀壞佛像、鎮壓僧人、燒煨佛經，佛教遭到了毀滅性的打擊，藏傳佛教歷史上恢弘的「前弘期」自此終結。經過近一百年的沉寂，由阿里一帶的「上路弘傳」和甘青一帶的「下路弘傳」，佛教在西藏再度得以復興和傳播，開始了所謂「後弘期」的輝煌歷史，藏傳佛教的眾多教派也逐漸形成。

2、藏傳佛教教派

藏傳佛教主要有五大教派：

寧瑪派

寧瑪派，俗稱「紅教」，是藏傳佛教教派中最早的一個教派，寧瑪，有「古」和「舊」之意。此派自稱其教法傳自吐蕃時期的蓮花生大師，尊蓮花生為祖師，並以傳承和弘揚吐蕃時期所譯密咒和伏藏為主，其教義、行為、儀軌中帶有較多苯教文化的成分。

薩迦派

薩迦派，俗稱「花教」，是藏傳佛教教派中影響較大的教派之一。「薩迦」意為灰白色的土地，因該派的主寺薩迦寺背靠一片灰白色的山崖，故名薩迦寺，由寺名衍生出地名和教派名。另外，該寺牆壁上塗有象徵文殊、觀音、金剛手菩薩的紅、白、藍三色紋飾，故俗稱「花教」。

薩迦派創立於十一世紀，創始人為貢卻傑波（1034-1102）。十三世紀中葉，在西藏納入元朝中央政權的行政管轄過程中，該派僧人起了積極作用，一度成為西藏地方政治勢力的代表，該派僧人還成為管理全國各地佛教事務的帝師，有力地促進了西藏與祖國內地的關係和藏傳佛教的發展。

▲ 薩迦寺

　　薩迦派有幾位著名人物，被後世稱為「薩迦五祖」，其中第四代祖師為薩班·貢噶堅贊（1181-1251），是西藏第一位被稱為精通大小五明的學者，故獲「薩迦班智達」稱號。薩班不僅是一位博學的學者和宗教領袖，還是一位卓越的政治家。八思巴（1235-1280）是薩迦第五代祖師。一二六〇年，忽必烈即帝位，封之為國師。後又奉命以藏文字母創製蒙古新字即八思巴字，受封大元帝師。

噶舉派

　　噶舉派，俗稱「白教」，是藏傳佛教的一個重要教派。「噶舉」的意思是「教授傳承」，注重密法的修習，而密法的修習全靠師徒間的口傳心授，不落文字、口耳相傳是該派的一大特點。

　　噶舉派於十一世紀中期形成。噶舉派的第一代祖師瑪爾巴（1012-1097），生於洛扎，曾三次訪印度，四次入尼泊爾，遍訪名師，其高足有米拉日巴。米

拉日巴（1040-1123）是噶舉派的第二代祖師，生於西藏吉隆，生活坎坷，歷經磨難，成為西藏第一位即身獲得正果的僧人。由於瑪爾巴和米拉日巴在修法時，都遵印僧習慣穿白色僧衣，故噶舉派俗稱「白教」。噶舉派有兩個傳承系統，即香巴噶舉和達波噶舉。香巴噶舉創始人瓊波南交，曾多次赴印度學法，晚年在後藏香地區建香雄寺等一〇八座寺院，收徒數以萬計，開創香巴噶舉派。後來香巴噶舉逐漸衰微，以至談到噶舉派時通常指達波噶舉。

▲ 轉經

達波噶舉創始人為達波拉傑（1079-1153），其門徒創建了四大支系，其中帕竹噶舉又分出八支小系，構成噶舉派「四大八小」系統。

噶舉派在西藏宗教、社會和文化中影響甚大，地位獨特。該教派出現了許多著名的佛學大德高僧，產生了許多政治家和文化大家，藏傳佛教的活佛轉世制度亦由該教派首創。

噶當派

噶當派最初源於阿底峽，後尤其弟子仲敦‧傑哇迥乃（1005-1064）於一〇五六年正式創建。「噶」意為「佛語」，佛的「教誨」；「當」意為「教授」或「教戒」。「噶當」是指該派以佛的一切言教作為僧人修習的教戒指南。仲敦巴於西元一〇四五年迎請阿底峽前往衛藏弘揚佛法。阿底峽在衛藏地區傳法達九年之久，仲敦巴一直跟隨大師。一〇五四年阿底峽大師在聶塘圓寂後，仲敦巴便成為阿底峽信徒的師長。仲敦巴於一〇五六年建熱振寺，自此噶當派以熱振寺為根本寺院，逐漸形成。仲敦巴有三位著名弟子：博多哇、京俄巴和普

瓊哇。博多哇知識淵博，著述頗豐，受人尊崇，弟子達千餘人，開創噶當派中的「教典派」支系；京俄巴二十歲進熱振寺，師從仲敦巴，一生門徒眾多，創噶當派「教授派」支系。

噶當派以修習顯宗為主，強調修習次第，主張先顯後密。西元十五世紀時宗喀巴在噶當派基礎上創立了格魯派。

格魯派

格魯派俗稱「黃教」，格魯派是藏傳佛教形成最晚的一個教派。「格魯」意為「善律」，以學階嚴格、戒律嚴明、教義完備著稱。因該派僧人穿戴黃色衣帽，故俗稱「黃教」。

宗喀巴‧洛桑扎巴（1357-1419），生於青海宗喀地方。宗喀巴七歲出家，學習顯密教法，十年後去衛藏地區深造，廣泛尋師問道，鑽研噶當教法，逐漸形成自己的思想體系，著《菩提道次第廣論》《密宗道次第廣論》等著作，成為最有名望的學者。

十五世紀初，宗喀巴針對當時的宗教弊端，進行了一場宗教改革。措施主要有：針對當時各教派戒律鬆弛的問題，制定了一套嚴格的戒律，提倡僧侶身體力行，嚴加恪守。對各教派的教義教法兼收並蓄，集其大成，著書立說，創立了一個龐大的、次第井然的教義教法系統，成為格魯派的理論依據和行為準則。復興舊寺，建立新寺，形成以寺院為中心的宗教據點。一四〇九年，宗喀巴在拉薩以東建立甘丹寺；一四一六年，其弟子絳央卻傑

▲ 乃窮寺的鐵棒喇嘛

▶ 色拉寺

▶ 拉薩大昭
　寺法輪圖

在拉薩以西建哲蚌寺；一四一九年，另一弟子釋迦也失（絳欽卻傑）在拉薩以北建色拉寺，成為格魯派在拉薩的三大寺，為格魯派日後的發展奠定了穩固的基礎。格魯派還將噶當派的許多寺院改為格魯派寺院或立為屬寺。廣收門徒，高徒眾多，其中即有日後被追認為一世班禪的克珠傑和一世達賴的根頓珠巴，這些門徒對格魯派的發展起到了重要作用。外出傳法，創立法會，積極擴大社會影響。一四○九年，宗喀巴在拉薩舉行了規模宏大的祈願法會，極大地提高了宗喀巴的知名度和格魯派的影響。

格魯派的創立和發展，尤其是格魯派掌握政權之後，進一步形成西藏政教合一制度，宗教勢力滲透到西藏社會的各個領域，給西藏社會帶來了極其深刻的影響。

3、信仰行為

藏族信教群眾的信仰行為和活動方式主要有：

供奉三寶

這是藏族群眾最普遍的一種宗教信仰行為。對佛法僧三寶的供奉，是一種善念和善行，有無量功德。供奉三寶，主要是供奉神佛。藏區人家無論殷實與否，都要供奉神佛，富裕之家設經堂，一般人家起碼也有簡易的神龕。經堂內設置佛、菩薩像，框以神櫥，前供酥油燈、淨水和鮮花果品等物，早晚頂禮膜拜。經堂內還收藏有各類經書，多寡不等，視屋主的經濟條件而定。拉薩地區居民的神龕內多供奉「師徒三尊」，即宗喀巴、克珠傑和嘉曹傑這三位對格魯派的創立和發展作出巨大貢獻的佛教大德。藏東地區有的主供蓮花生大師。

▲ 「擦擦」：金剛手菩薩

唸誦經文

在藏區，即使是非僧尼的群眾每日也要唸誦經文。最常見的是反覆唸誦「六字真言」：唵、嘛、呢、叭、眯、吽。據說，「六字真言」是一切佛經濃縮概括的結晶：「唵」，表示「佛部心」，唸誦此字時，自己的身、口、意與佛相

應成一體;「嘛」「呢」,表示「寶部心」,唸誦可得「如意寶」,獲取幸福;「叭」「咪」,表示「蓮花部心」,象徵佛性如蓮花般純潔無瑕,誦此可排除一切邪見;「吽」,表示「金剛部心」,象徵無堅不摧,誦此可依賴佛的法力克服任何困難,獲得成就。由於唸誦「六字真言」簡單易行,故群眾極易接受。除此之外,還要唸誦各種祈禱詞,有消災的、求福的,等等,可視神佛對象和誦者要求的不同而加以選擇。其中,唸誦《皈依頌》是最主要的一種。

▲ 信眾在藥王山南麓的瑪尼堆前跪拜祈禱。

轉經與朝聖

轉經活動一般分早晚兩次進行,主要是繞寺廟、神殿和佛塔進行。有的地方轉神山聖水也屬於轉經的範圍。拉薩地區信教群眾有以拉薩大昭寺佛殿為中心的「轉三廓」活動:「朗廓」(內圈),即在大昭寺內迴廊圍繞覺臥佛主殿轉一圈;「八廓」(中圈),即繞大昭寺及其周圍建築群轉一圈,形成聞名遐邇的八廓街;「林廓」(外圈),環繞拉薩老城區轉一圈,包括今天的林廓東路、北路、西路和南路。轉繞林廓實際上禮拜了拉薩城區內幾乎所有的寺廟和神佛,如大昭寺、布達拉宮、藥王山千佛崖、小昭寺、功德林、倉孔寺等,這些寺院和神殿都在林廓繞行的圓環內。轉一圈林廓至少需要三個小時。拉薩還有一條轉經路叫「孜廓」,又稱為「頗章秀廓」,就是圍繞布達拉宮轉。每當清晨或

▲ 拉薩藥王山石刻

▲ 圍繞布達拉宮轉經的人們

傍晚，一群群男女老少，有的是全家出動，有的還牽著家犬或領著「神羊」，沿著規定的路線，口誦「六字真言」，手轉嘛呢輪，進行這一神聖的佛事活動，借此抒發對神佛的一片虔誠。

藏族信教群眾有去寺廟朝佛和神山聖水朝聖的習慣。每個寺廟或神殿前，人群絡繹不絕，跪拜者此起彼伏，以至階前的青石被磨得光滑如鏡，甚至人形顯現於石上。每當馬年，虔誠的信徒會不遠千里去佛教聖地岡底斯山朝聖；羊年去朝拜納木錯湖，猴年則去雜日神山轉山。這就是民間所講的「馬年轉山、羊年拜湖、猴年繞林」之說。

磕長頭

磕長頭也叫「磕等身頭」，人們按照既定的目標，為避災、治病、懺悔、朝佛等目的，磕頭前往某一著名寺院，或某一聖地；有的從家鄉出發，磕頭前往拉薩朝佛。從出發地開始，用自己的身體去丈量行進中的路程。其基本姿勢是：雙手合十，上舉至頭頂，後移至喉部，再下移至胸間，然後俯身直臥，兩臂前伸，額頭著地，用手在地上劃一印記，或將一石子放於指前，起身站立走到印記處，一次動作即算完成。如此千萬次重複進行。這種磕頭需要巨大的獻身精神和堅忍不拔的毅力。通常繞著寺院磕長頭的比較多，繞寺磕頭的數量，即磕多少圈，是根據自己的發願。磕長頭異常艱辛，一般都戴有護膝和護掌。一些佛殿、經堂門口的地板上，在無數信徒不斷磕頭的作用下，年深日久，在石頭和木板上都留下了深深的痕跡。

轉經筒（輪）

經筒有大小兩種：大的如巨桶，直徑一米左右，高約二米，多安置在寺廟神殿周圍的長廊通道上，人們一邊行走，一邊用手推動旋轉；小的經筒則可拿在手裡，直徑不足十釐米，高僅十釐米，用手搖動。經筒內放有經文，外部刻有六字真言和其他宗教符號。據說轉動一次經筒，就等於將經書誦讀了一遍，是一種省心省力省時的好辦法。藏族老人平日習慣在清晨前往寺院，用手轉動

經輪，順時針轉寺院，無論春夏秋冬始終如一。藏區還可見到利用水力或風力推動的經筒。

貢獻與布施

貢獻是信教群眾對神靈、活佛、寺廟等進行的奉獻活動，可以獻財（金銀財寶等）、獻物（糧食、酥油、皮張等）和獻力（當義工）。貢獻一般是自願的，貢品的多寡不拘。所謂「一文不算少、千金不為多」，自己可量力而行，但群眾往往是傾其所有，以明誠心。布施是佛教徒修行「六度」之首，源於釋迦牟尼佛化身摩訶薩埵捨身飼虎等故事，是佛發大慈大悲心的表現。這裡指的是群眾的布施活動，有條件的人家對寺廟僧眾和貧苦群眾均可發放布施，以積累資糧修福德。

▼ 拉薩大昭寺前磕長頭的人們

▲ 轉經輪

煨桑與放風馬

煨桑是藏族古老的祭祀形式，是點燃松柏枝、坎巴花等香料和糌粑面以祭神。在寺廟、神殿以及神山、神水等每一處供神的地方，都設有煨桑爐。在節慶場合和一些宗教活動時，通常是整日香煙繚繞，經久不散。

風馬，藏語稱「隆達」。風馬有紙製或布製的，其圖案為中間是奔走的馬，四角寫著龍、馬、大鵬和虎。據說，風馬是山神需要的駿馬。放風馬是向山神獻祭，乞求保佑。另外，風馬還表示自己、本村或本部落的運氣，倘若風馬冉冉升入高空，說明神靈喜歡，接受了自己的貢物；如果風馬落地不升，就表明交上了厄運，得設法祈禳。布印的風馬也有插在屋頂的，含有盼望增長運氣的意思。放風馬時，先煨桑，在滾滾騰起的煙霧中，拋灑風馬，唸誦祝辭：

今日風馬升起來，

◀ 煨桑

◀ 五色經幡

裊裊升向空中；

沒有升起的風馬，

請連連升起。

天地滿是吉祥，

風馬喲，願你都升入高空。

掛經幡與堆「瑪尼」

經幡在西藏隨處可見，五顏六色，組合成陣，飄飄揚揚，蔚為壯觀。經幡
印有佛像、經文和其他宗教符號，被看作是神佛的一種化身，任何人不得加以

褻瀆。逢年節或重大宗教節日，經幡還要更新、增添。

在藏區各地山頂上或十字路口，常見「瑪尼堆」，即壘起的一堆石頭，石片上有佛像和「六字真言」，堆頂插有經幡、掛有哈達或擺放牛頭（角）。人們經過此地，必須下馬步行，不能高聲喧嘩，或做其他不敬的動作；要順時針繞石堆一至三周，默唸經文，然後在石堆上放置一塊白石，以示敬神祈福。

放生

放生是一種活祭儀式。放生有兩種：一種是寺廟僧徒的放生，多以整個寺廟或扎倉的名義進行；一種是世俗官吏或有錢人家的放生，多以家庭的名義進行。俗人放生，通常找一吉日，有的因病或為消厄運，先向神佛許願，然後擇日放生。所放的祭牛、祭羊，身掛綵色布條，讓其自由自在地生活在山上，或養至老死。在西藏農村甚至城鎮中，時常能看見放生羊在自由自在地徜徉，人們從不傷害它們。

▲ 托林寺瑪尼石

第四章

節慶四季 歡樂海洋
—— 西藏節日民俗

西藏節日文化豐富多彩，絢麗繽紛。

西藏節日源遠流長。從遠古先民祭祀土地神靈以佑莊稼豐產的祭祀活動，到雅礱河谷及全藏農區舉行的大規模集體祭祀儀式（「望果節」），至今已有近二千年的歷史。從曾經以麥熟為歲首的年節到使用藏曆推算出的新年已歷千年。因苯教的興盛、佛教的傳入和藏傳佛教的發展而產生的眾多宗教節日，其歷史最短者亦有數百年。西藏的節日，均有著久遠的歷史和厚重的文化積澱。

西藏節日體現為宗教性與世俗性、神聖性與娛樂性的統一。此外，地域性特徵和互融性特徵亦十分明顯。

▌一　歲時年節

年節文化是西藏節日文化的重要內容。西藏年節文化地域色彩濃郁，禮儀習俗豐富。通過拉薩和林芝這兩個典型地區的新年習俗，可以看到西藏年節文化的基本風貌。

1、藏曆新年

藏曆新年是藏族人民最隆重的傳統節日。從藏曆十二月初，人們便開始忙碌，家家戶戶培育青稞青苗，供於佛龕前的雙櫃之上，以預祝來年糧食豐收。十二月中旬，各家紛紛用酥油和麵粉炸出形狀各異的「卡塞」（油酥點心）。新年前夕，每家都要精心準備一個叫「竹索切瑪」的五穀斗（盒）。斗用木料製成，盒的外部繪有各種吉祥的花紋圖案。木盒內部從中間隔為兩半，左面裝麥粒或炒熟的青稞粒，右面裝酥油糌粑。糌粑和麥粒都堆積成金字塔形，上插

青稞穗和稱為「孜卓」的飾品。
「孜卓」形似令牌，兩面頂端各貼
用彩色酥油塑造的太陽、月亮和八
瑞相。有的人家還準備一個彩色酥
油塑的羊頭（洛果），亦可用陶瓷
品代替。這一切都具有慶賀豐收，
預祝來年風調雨順、人畜兩旺的含
義。除夕前兩天，各家進行大掃
除，擺上新卡墊，貼上新年畫。

　　十二月二十九日，人們把灶房
打掃乾淨，並在正中牆上用乾麵粉
繪上「八吉祥徽」（八吉祥徽包括
金魚、勝幢、寶塔、白海螺、蓮
花、金輪、吉祥結和寶瓶）。傍
晚，不論大小家庭都要做「帕吐」
（麵疙瘩），天黑時，全家依長幼
次序坐定，開始吃「吐巴」（煮熟
的麵疙瘩），也稱為「古吐」。喝
完「吐巴」後舉行送鬼儀式，這種
儀式起源於民間驅鬼避邪的習俗，
頗為隆重。在此過程中，必須做兩
種「帕吐」：其一是具有各種象徵
意義的面型，如太陽象徵富有、威
嚴和榮譽，經書則象徵聰慧、有學
識，鼓象徵不可靠、兩面人等。其
二是一些「帕吐」中包有石子、辣

▲ 藏曆新年前，拉薩居民忙著油炸「卡塞」，用
以款待親友和神靈。

▲ 卓索切瑪（簡稱「切瑪」）

椒、木炭、羊毛等物，石子表示心腸硬，木炭預示心黑，辣椒表示嘴如刀，羊毛說明心腸軟。吃到這些東西的人，都要即席把麵疙瘩中的石子、辣椒、羊毛等象徵性物品吐出或從碗中撈出來，任憑家人說笑取樂。吃完「古吐」天色已晚，驅鬼的時候到了。一般家中女主人將剩下的「古吐」倒入一陶罐中，端出門外，男主人手執點燃的麥桿到各房間內邊揮舞邊喊叫，令妖魔鬼怪都出來。此時女主人要徑直走出院外，不能回首。她把陶罐連同裡面的「古吐」一起扔到街心，男主人也將驅鬼剩下的殘火扔到街心。女主人返回時，要為她獻上哈達或在其身上撒糌粑。二十九日晚的八廓街煙火繚繞，喊聲四起，各家都忙著驅鬼，把一年的不吉和霉運統統趕走，祈盼來年吉祥安泰。

除夕晚上，家家戶戶把房屋內外打掃乾淨，室內鋪上新「卡墊」，在正屋

▲ 捧著切瑪出門拜年

佛龕前用各式「卡塞」擺放「碟嘎」。「碟嘎」是用形狀不同的油炸麵食壘起的供品。最下面放形狀如耳朵的「苦過」，其上是長條形的「那夏」和形似大麻花的「木東」，再上放圓盤狀的「布魯」，頂層是勺子形的「賓多」。然後用各類糖果點綴其間。「碟嘎」位於佛龕前藏櫃的正中，其他供品以此為中心向兩邊排列。家中有什麼美味食品都

▲ 藏曆新年正月初一清晨，向親友們道一聲「扎西德勒」（吉祥如意）！

可作為供品擺上一份，一般講究擺上八樣，以求吉祥。「碟嘎」兩邊要擺上綠茵茵的青稞苗，預祝新的一年能獲豐收。供桌上還必須有一個羊頭。

大年初一清晨，主婦天不亮就起床熬製一種叫「觀顛」的飲品，家人在起床前必須喝上一碗。主婦去井邊打回新年的第一桶水。家人喝完「觀顛」後即刻起床，互致新年祝福，梳洗打扮後全家人一道吃人參果米飯「卓瑪折塞」，喝早茶。天剛亮，鄰居街坊熱鬧的新年互拜便開始了。每家由兩名代表去拜年，一人端「切瑪」盒，一人提青稞酒壺，挨門挨戶去鄰居家拜年。人們互致「扎西德勒平松措」（意為「吉祥如意大圓滿」）的新年祝辭，主人禮讓客人「切瑪曲」（嘗「切瑪」），客人會抓一小撮糌粑粉向上扔三下，以示敬奉天地神靈，然後放少許於口中品嚐。雙方互相敬酒，或乾杯或喝「三口一杯」。新年早晨，等拜完年回到家時，人往往已飄飄欲仙。

清晨鄰居間拜完年後，家人不再外出，各家閉門歡聚。

從初二開始走親訪友，人們互相拜年祝賀，唱歌跳舞，歡度佳節。活動一般持續數天。

大年初三，家人及左鄰右舍共聚房頂，舉行「托蘇」儀式，插換房頂上的

五色經幡，點燃桑煙敬神，祈禱神靈保佑全家人四季平安，家業興旺。

傳統藏曆新年期間，拉薩正逢一年一度的傳昭大法會，人們除歡慶新年佳節外，還匯入人潮觀看法事活動，特別是正月十五的酥油花燈節。有條件的人家要歡慶十多天，一般到酥油花燈節後才結束。

現在拉薩地區的藏曆新年既有濃厚的傳統色彩，又充滿現代生活氣息。一般說來，農村過藏曆年保流傳統的東西較多，城鎮則變化較快。城鎮居民在新年期間既精心準備各種傳統食品，又購買現代的美食佳釀和各式糖果。既喝傳統的「古吐」，又外出定餐或在家吃團圓飯。除夕之夜，許多人更是通宵不眠，或看新年晚會，或上網遊戲，或唱卡拉 OK，或打麻將、撲克。大年初一，過去除街坊鄰居外忌諱串門，現在大年初一人們互相拜年敬酒，請客來家或外出赴宴已不鮮見。娛樂方式很多，活動內容豐富多彩。節日期間，拉薩市的大街小巷燈火通明，賓館酒樓的歌廳舞廳和影院全部開放，寬闊的布達拉宮廣場裝飾一新，處處張燈結綵，一派喜慶祥和氣氛。既可見圍繞布達拉宮、大昭寺禮佛的人群，又可見衣著時髦新潮的青年男女，他們瀟灑地參與玩桌球、跳現代舞等現代娛樂活動。傳統與現代的交織，使節日更加充滿喜慶氣氛。

2、工布新年

林芝一帶古稱工布，境內森林茂密，山清水秀，尼洋河貫穿其間。由於自然環境的差異和長期同外界的阻隔，工布文化自成一體，其年節禮俗也獨具地域特色。

工布新年為每年藏曆十月初一。這一習俗已有一千多年的歷史。傳說，在吐蕃時代，一支魔國軍隊入侵西藏，贊普命令工布土王阿吉王率領工布青壯年組成軍隊前往抵抗。出征之時正值秋收後的九月，將士們惋惜不能喝上過年的青稞酒，不能吃上過年的點心，也不能圍著松柏枝點燃的篝火跳激越歡快的舞蹈。為了鼓舞士氣，阿吉王決定把新年提前到十月一日來過，將士們便義無反顧地出征，並取得了戰爭的勝利。為了紀念當年英勇征戰的將士，每年的十月

一日，工布群眾都要獻三牲為將士們守夜，久而久之便形成了十月初一過工布年的習俗。

工布年有幾個頗具特色的活動：

趕鬼

九月二十九傍晚，家家戶戶都「趕鬼」。晚上，人們舉著火苗呼呼的松枝火把，跑進每一間屋子，從懷裡掏出早準備好了的拇指大的黑白石子，嘩啦啦地朝角落裡砸去，口裡不停地喊叫：「鬼，快滾出去！等著瞧！」有的人家還朝火把上潑燒酒，立刻騰起熊熊的火焰，發出嘶嘶的聲音，趕鬼儀式顯得更有氣勢。當他們認為所有的「鬼」確實逃出了自己的房子時，就用松煙和旺波樹把門擋嚴實，工布人認為，這樣做「鬼」就無法回來了，人們可以快快樂樂地歡度新年。

請狗赴宴

除夕之夜，人們把過年的食物端端正正地擺在木盤裡，或放在長長的木板上，有糌粑團、桃子、核桃、酥油、奶渣、人參果、青稞酒等。茶和酒裝在核桃殼內。準備停當，主人把狗喚來，很有禮貌地說：「舒服的狗，快樂的狗，請進餐吧！」如此三次，狗開始動嘴。據說，有經驗的狗，這時顯得

▲ 咚咚鼓聲宣告「工布新年」的到來。

非常莊重，把所有的食物都嗅嗅，然後決定吃點什麼。有些狗卻亂叫狂吠，打翻盤子，掀扣茶酒，主人認為不吉利，便把這不識抬舉的「貴客」轟走。工布人認為狗吃什麼、不吃什麼，都是神的指使，因此全家人誠惶誠恐，注視著狗的每一個動作，吃了糌粑或餅子，預示糧食豐收，相反，狗如果先吃肉，則是來年六畜不旺、會鬧瘟疫的惡兆。

吃「結達」

狗吃飽了，人再吃年飯。圍著火塘坐一圈，烤著暖烘烘的青楓柴火，喝著青稞酒、酥油茶，吃一種特殊的食品 ——「結達」。「結達」是用酥油、牛奶、麵粉、紅糖或白糖做成的圓麵糰，戳在尖尖的木棍上，伸進火裡烤，熟一個吃

▲ 林芝地區的農民在新年期間觀看表演。

一個，味道香甜，風味獨特。

這天晚上一定要吃飽，脹得肚子鼓鼓圓圓。據說，半夜裡鬼還來背人，不吃飽，身子骨輕輕的，說不定被鬼背跑了；吃得很飽，鬼才背不動。

背水

新年初一，雞叫頭遍，工布人都要出門，放火藥槍，迎接新年的到來。主婦們趕緊背起水桶，帶著青稞酒和「措」（祭神用的糌粑團），到水源處背水，在水邊煨桑，讓裊裊青煙召喚神靈。回家路上，不管遇到什麼人，都不能回頭，不能講話。若回頭或講話，水桶中的「央」（神氣）就會消散。

祭豐收女神

大年初三，在太陽剛剛升起時，每家每戶的婦女著節日盛裝，帶上貢品和青稞酒，來到自家最好的一塊莊稼地裡，祭祀豐收女神。他們在地裡豎起一根長長的木桿，木桿上掛經幡，下掛一把麥草，麥草象徵豐收女神的寶座。用石頭在木桿前搭個祭台，在台上擺好各種供品，煨燒青草香枝，通知田地的保護神，來接受供奉和膜拜。人們用特殊的調子高喊三聲：「洛雅拉姆，洛雅拉姆（意為「豐收女神」），請用餐吧！」然後，他們圍著祭台唱歌、跳舞，娛樂豐收女神，請求保佑莊稼豐收。沒有婦女的人家，男子會去田地中祭祀豐收女神。

▌二　生產節日

藏族的生產性節日分農事節日和牧事節日兩類。農事節日主要有春播節和望果節，牧事節日有牧羊節和種類繁多的賽馬節。

1、春播節

春耕前，西藏各地都有規模大小不一的節日活動，或以村寨為單位或三五戶聯合，集體舉行儀式，祭祀掌管莊稼豐收的土地神。因各地氣候有別，舉行活動的時間和禮儀習俗不盡相同。

根據物候特徵和測算的開播吉日，村人著盛裝，帶上酒、糌粑和各種供品，到田地中祭祀土地神。祭祀地點通常選在當年最先破土開耕的最好耕地。人們樹經幡，燃桑香，獻供品，念禱詞，祭祀土地神，祈求神靈保佑當年風調雨順，無蟲、霜、雹等災害，莊稼豐收。祭祀畢，人們始破土耕田。西藏各地傳統的耕作方式均為二牛抬槓。此時的耕牛打扮一新，牛的前額抹有像徵吉祥的酥油，頭上懸掛綵結，軛木上插旗旛，有時牛尾也用綵線裝飾。日喀則一帶在耕牛頭部插用犛牛尾巴做的「熱阿」。「熱阿」塗三色，下紅中黑上白，有時「熱阿」上部是用白色的鷹羽扎制。許多人家把「熱阿」置放於耕牛那兩隻高挑的牛角上。新耕第一犁通常由德高望重的長者把犁，播撒第一把種則推舉由與當年屬相相合、且大家公認有福運的婦女承擔。耕犁的是福運，播撒的是希望，人們格外重視。當天只象徵性地耕作一小塊田地，然後大家聚集田間地頭，飲酒歡慶。正式的耕種是在三五日後開始。這期間，人們利用閒暇盡情歡樂。

2、望果節

「望果節」是西藏農區一年一度預祝豐收的節日。

「望」藏語意為「田地」，「果」是「轉圈」，「望果」就是「繞田地轉圈」。這個「轉莊稼地的節日」流行於山南、拉薩、日喀則等農區，沒有固定的日子，一般是在農作物成熟之際進行。

　　望果節是一個十分古老的節日，最初是祭祀土地神以祈豐收的大地崇拜儀式，流行於西藏雅魯藏布江流域的廣大農區，尤以雅礱河谷最為盛行。據史料記載，到第九代贊普布代貢傑時（約西元 2 世紀），引進了苯教活動內容。其主要活動為：以村落為單位，繞本村土地轉圈。隊伍最前面由捧著祭香和高舉旗旛的人引道，苯教巫師舉「達達」（五色彩箭）和羊右腿領隊，後面緊跟手拿青稞穗和麥穗的村民。轉完田地後，穀物穗入穀倉，以「收地氣」，求豐收。

　　八世紀後期，藏傳佛教寧瑪派興盛，「望果」活動遂帶有寧瑪派色彩，必須唸咒語以祈佑豐產。十四世紀始，格魯派漸居統治地位，「望果」活動更滲

▲ 「望果節」上的民間歌舞表演

透了格魯派色彩，隊伍遊行之前要舉佛像、背經文。從這時起，「望果」活動成為藏族固定的傳統節日，逐漸增加了賽馬、射箭、唱藏戲等內容。

　　現在拉薩地區農村望果節的主要活動有騎馬繞行田地和舉行賽馬等活動。在莊稼已成熟的開鐮前夕，確定吉日過節。騎手提前一兩天為馬匹披紅戴彩精心裝飾後，於節日當天著節日盛裝，匯聚於村口。人們在離家前，在灶台前放一束麥穗，向灶神敬獻豐收的「糧新」，祈求灶神護佑。人們集中後，在通往田地的路口點燃神煙，然後騎手在前，背經書的老人們在後，繞著麥浪滾滾的莊稼地轉圈。邊轉邊祈禱，祈願糧食大豐收。轉完田地後，人們集中於先前指定的地點，舉行賽馬、角力、歌舞等競技娛樂活動，歡慶三至五天後開始緊張的秋收。

3、那曲賽馬會

　　牧業生產是藏族主要生產活動之一。生活在羌塘草原的牧民同農區人民一樣，有著屬於他們的與生產活動緊密相關的節日。最負盛名的節日非夏季舉行

▲ 賽馬會期間，牧民們跳起了鍋莊舞。

的草原賽馬會莫屬，此外，還有一些區域性、部落性的牧事節日。

藏曆六月至八月，是藏北草原的黃金季節。萬里長空碧藍如洗，和煦的陽光照耀在廣袤無垠的草原上。大地似鋪設了柔軟的綠氈，姹紫嫣紅的山花競相綻放，流水淙淙，牛羊徜徉。經歷了數月冰封雪凍和寒風磨礪的人們，從四面八方聚集一起，盡情享受這一美好季節帶給人們的歡樂。歷史上，各個部落、宗（相當於縣的行政建制）均在水草豐美、牛肥馬壯的夏季舉行賽馬會，他們形象地稱之為「亞吉」（意為「夏樂」）。現在，除那曲地區每年一次在那曲鎮舉行大型賽馬會外，各縣及區鄉還舉行各種規模的小型賽馬會。

那曲賽馬會規模盛大，極為隆重。

節日前幾天，藏北各地牧民身著豔麗的節日盛裝，帶上青稞酒、酸奶子等各類食品，帶上各類圖案美麗的帳篷、卡墊，騎著馬，從四面八方湧向賽場。一時間，平時空曠平靜的草原突然熱鬧起來，出現了一個神話般的色彩斑斕的帳篷城。

節日期間，賽馬場上彩旗飄動。賽馬場兩邊站滿了觀眾，觀看騎手們精彩的表演。人們不時為騎手吶喊助威，驚嘆聲、呼叫聲不絕於耳，場面氣氛極為熱烈。

比賽項目有「大跑」「小跑」「走馬」「騎馬撿哈達」「騎馬打靶」等項目。「大跑」主要是速度比賽，有起點和終點，鳴槍或吹哨為號，眾馬齊發，以到達終點的先後定名次。「小跑」和「走馬」則除了比速度外，還得看馬步是否平穩、走得是否好看。「騎馬撿哈達」「騎馬打靶」等馬術表演比賽，一般在「大跑」「小跑」「走馬」之後的日子舉行。兩種比賽均是分小組參賽，哈達橫放在地上，靶子立在路邊，比賽時一匹馬在前引路，其主要任務是給後面撿哈達或打靶的馬引導一條最佳路線，離哈達或靶子不遠不近。第二匹馬則緊緊跟隨，騎手在飛跑的馬上側身掛體，撿起地上的哈達，哈達間隔橫放，撿得多者為勝。如果是騎馬打槍，則第二匹馬上的騎手同樣緊跟第一匹馬從場地一側橫跑過去，在馬飛跑中從背上取下槍枝，在頭上旋轉一週，瞄準馬側面的靶子

開槍，然後耍個花樣，順勢將槍背在背上。有的地方還有騎馬點煙、馬背倒立等。

賽馬會期間往往還穿插著舉行摔跤、舉重（一般是舉石頭，也有舉沙袋的）等體育比賽。

賽馬會的各種比賽拿名次者都有獎品，獎品多為哈達、馬、犛牛、綿羊等。

賽馬會也是社交娛樂的集會。夜幕降臨，人們自發地圍成圓圈，唱歌跳舞。這是一年中難得的娛樂時光，也是年輕人追逐情侶的好機會。

藏北地廣人稀，居住分散，人們難得集中，以前部落的頭人都利用賽馬會牧民集中的機會收稅，並處理部落內一年來的各種事務。商人們往往也趕到賽馬場交換商品。特別是大型的賽馬會，更是進行商品交換的大好時機。賽馬會實際上是人們進行娛樂活動、宗教活動、經濟活動的綜合性節日。

現在，那曲地區一年一度的賽馬會集娛樂競技、文化展示、旅遊觀光和經貿活動於一體，成為藏北一年中最主要的節日活動。參加賽馬會的人不僅來自當地牧民和單位職工，而且拉薩、山南、日喀則和林芝地區都有許多人前往，來自內地和海外的遊客也蜂擁而至，有時參加人數達數萬人。

4、江孜「達瑪」節

「達瑪」節是後藏江孜一帶的傳統節日，主要活動內容為跑馬射箭。這個節日至今已有六百多年的歷史。

該節日起源於江孜。這個節日最初似與生產活動無關，屬紀念性節日。據傳，江孜法王繞丹貢桑帕的祖父帕巴桑布，是薩迦王朝的內務大臣，在當地百姓中頗有聲望。他逝世後，他的弟子每年為他舉行祭祀活動，後因戰亂中斷。到西元一四〇八年，繞丹貢桑帕任江孜法王，恢復了祭祀，時間從藏曆四月初十至四月二十七，從二十八日開始進行娛樂活動。活動內容主要是展佛、跳神、跑馬、角力等，這些活動全由法王的部下、兵丁、傭人承擔。到了扎西繞

▶ 江孜達瑪節
上的騎手

丹帕（西元 1447 年）統轄江孜的時候，娛樂活動中增加了騎馬射箭，至此正式形成了江孜達瑪節。

江孜達瑪節一般為期三天，第一天舉行簡單的宗教儀式，並做賽前準備；第二天賽馬；第三天射箭。比賽結束後，人們在近郊林卡歡宴。

如今，江孜達瑪節每年舉行，規模盛大，活動內容豐富。節日期間，參加表演的人都穿古裝，打扮成當時的兵丁和官員模樣。除舉行傳統活動外，還增加了許多現代娛樂項目。當地和遠道而來參加盛會的人們均穿華麗的節日盛裝，帶著豐盛的食品，盡情歌唱飲宴，歡度佳節。節日期間，還舉辦大型物資交易活動。達瑪節已經成為江孜地區的一張名片，每年吸引著國內外眾多的遊客和商家到江孜觀光旅遊和商貿洽談。

▌三 宗教節日

藏族宗教節日繁多。僅就藏傳佛教而言，幾乎每月都有一個或數個節日；藏傳佛教的每一個教派，幾乎都有屬於本教派獨有的節日；就是一個教派內部的不同寺廟也有不盡相同的節日。以下是一些具有普遍性和典型性的宗教節日。

1、默朗欽姆與覺阿卻巴節

「默朗欽姆」即傳昭大法會，「覺阿卻巴」指正月十五的酥油花燈節。酥油花燈節舉辦於傳昭大法會期間，可視為傳昭大法會的一部分。

傳昭大法會始於一四〇九年，是藏傳佛教格魯派創始人宗喀巴為紀念釋迦牟尼神變降伏妖魔而創設的。佛教祖師釋迦牟尼在天竺舍衛城，於藏曆火龍年（西元前 511 年）正月初一至十五，與外道師鬥法，比賽神變，最後擊敗了六外道師，取得了勝利。法會最初集中色拉、哲蚌、甘丹三大寺的僧眾在大昭寺釋迦牟尼佛像前誦經祈願。後來祈願法會日益隆重，祈禱期間漸長。五世達賴喇嘛時，傳昭大法會定於藏曆正月初四起，至二十五日迎請彌勒佛後方才結束。

傳昭大法會期間，四方僧人雲集拉薩。在大昭寺內誦經祈禱，講經辯經，考拉讓巴格西學位。虔誠的信徒們紛紛來添燈供佛，向眾僧發放布施。

正月十五是釋迦牟尼以神變最終戰勝六外道師的日子。這天三大寺的活佛和僧眾舉行盛大法會祈願供佛，將傳昭大法會推向高潮。晚上，拉薩市八廓街搭起各種花架，有的高達一二十米，上面擺放五顏六色的以彩色酥油塑成的人物、花卉、鳥獸、吉祥徽等。有的宏偉高大，氣勢不凡；有的精巧玲瓏，纖纖嫵媚；有的凌空而立，恰似雀躍；有的成屏連片，似立體畫卷。花燈點燃，宛如群星，五彩繽紛的景象彷彿把人帶入了神話世界。人們在夜幕降臨之際紛紛

湧向街頭觀看花燈，高歌起舞，徹夜不眠。

2、薩嘎達瓦節

藏曆四月稱「薩嘎達瓦」（即氐宿月）。相傳，佛祖釋迦牟尼於此月降生、成道和圓寂，故篤信佛教的藏族人十分看重此月，一般不殺生、不吃肉，轉經朝佛，廣行善事。有「此月行善一事，可積萬善功德」之說。

薩嘎達瓦期間，各大小寺院舉行各種佛事活動，民眾則轉經朝佛，焚燒神煙。拉薩一帶，人們從薩嘎達瓦的第一天開始，就去八廓街和林廓路轉經，到藏曆十五這一天，轉經達到高潮。從凌晨直到天黑，人流如潮，轉經人數可達十萬之眾。薩嘎達瓦月期間，尤其是十五這一天，眾乞丐都會有不菲的收入。

3、珠巴次西節

藏曆六月四日，是釋迦牟尼初轉法輪的日子。僧俗人眾於這天去附近佛寺

▲ 拉薩薩嘎達瓦節上轉經的人們

廟宇和神山巡禮朝聖，故又稱為「六四轉山節」。過去，上下密院的眾僧向大昭寺、小昭寺、布達拉宮的帕巴拉康等的佛尊獻千供、百供，拜佛的人們敬奉供燈和哈達。拉薩群眾有往附近的帕蚌卡、曲桑、普布覺、色拉烏孜、吉倉夏怒（東西岩洞）、米烏瓊寺、日甲桑丹林等山廟朝聖的習俗。轉山結束後，人們在野外搭起帳篷或圍幔，盡情遊玩。

4、仲確節

「仲確節」是藏東類烏齊一帶最悠久的傳統節日。在藏語中「仲」即「供奉」，「確」為「修習」的意思，「仲確」即「修行儀軌節」，每年藏曆六月十五日舉行。

據史料記載，類烏齊「仲確節」始於十四世紀前期。一三二〇年，類烏齊寺第二代法台烏金貢布主持修建類烏齊寺大殿查傑瑪，歷經六年才竣工。大殿的修建所耗資財巨大，所用民工甚多，其財物大多來自信教僧俗的慷慨捐贈，用工主要由信教群眾義務提供。為了答謝僧俗群眾的資助和慶祝寺廟的建成，大殿竣工後，烏金貢布舉行了盛大的稱為「仲確」的酬神答謝宗教活動，以後便沿襲下來，於每年藏曆的六月十五日舉行活動。由於類烏齊寺在藏東地區的特殊地位，加之類烏齊大壩寬闊，藏曆六月正是山清水秀、水草豐美的好季節，有著名的神山聖地供人們轉山朝聖，又能進行互通有無的民間貿易，所以參加人數日眾，使「仲確節」的規模和影響越來越大。除康區外，影響遠及川、青、甘、滇和衛藏等藏區。每到「仲確節」，各地前來參加節日的信教群眾和商人雲集類烏齊，使「仲確節」逐漸演化為一種集民間商貿、宗教儀式和民間文藝活動於一體的傳統節日。據介紹，歷史上在「仲確節」期間，遠道而至的商人除甘、青、川、滇的藏族商人外，還有從內地來的漢族商人和從印度、緬甸來的外國商人，有時參加節日的人數達數萬至十萬之眾。

「仲確節」分寺院宗教儀式和民間世俗活動兩大內容。類烏齊寺從六月十五日開始，寺院僧人全體早早集中於查傑瑪大殿，誦經做法事，由此開始了長

達四十五天的稱為「央乃」的宗教法事活動。「央乃」類似於「齋戒」月，期間僧人不得隨便離開寺院住地，以免外出踩死蟲子等生靈。寺院要派專人為「仲確節」唸經祈禱和做法事，通常派六至十名僧人到德青頗章神山的「曲彌嘎布」處和神山頂上做法事。僧人到達這兩處神地後，先煨桑，然後唸誦經咒，栽插繪有牛、羊、馬形狀的木板，這是獻給護法神的祭品。最後，還要埋一寶罐（瓶），內裝五種糧食、五種珍寶、綢緞、木塊和寫有經咒的經文，目的是敬奉山神，祈求風調雨順、國泰民安。僧人們天不亮就上山，傍晚做完法事才返回寺中。「仲確節」結束後，他們同其他僧人一道參加「央乃」活動。

「仲確節」期間的民間活動最為豐富，主要有民間商貿、轉寺轉塔和民間歌舞等活動，但最主要的活動是轉德青頗章神山。

「仲確節」過去一般持續二至四天，除轉山外主要是舉行物資交流會。「仲確節」在馬年最熱鬧，人們要繞轉神山十三圈，而平時則比較靈活，多少不一。

5、斯莫欽波

「斯莫欽波」意為大型表演，是扎什倫布寺一年一度規模盛大的宗教節日，主要活動是表演密宗金剛神舞，即俗稱的「跳神」。

「斯莫欽波」創始於七世班禪丹白尼瑪，距今已有近二百多年的歷史。這個節日原是跳神驅鬼的純宗教活動，經長期的發展，已演化為日喀則地區隆重的傳統節日。如今，「斯莫欽波」的影響不斷擴大，早已超越了地域界限，成為全藏引人注目的宗教藝術盛會。

「斯莫欽波」於每年藏曆八月舉行，具體日期由星算學家推算。近年來，舉行的日期已相對固定，一般於藏曆八月初四至初六舉行，歷時三天。八月初三，參加跳神的僧人和樂師等按演出的要求進行考試，同正式表演唯一不同的是不穿戴神服和面具。

八月初四，跳神在寬大的專門修建的金剛神舞院舉行。表演開始前，首先

出場的是十幾位身穿絳紅袈裟、肩披醬色披風、頭戴「孜夏」（雞冠形）僧帽的高大喇嘛，扛著八面旗幟魚貫而出。這八面顏色不同的旗幟分別代表扎什倫布寺的八位護法大神。喇嘛們展開旗幟，用木支架插於舞台兩側，每樹一旗，便拋撒糌粑粉，觀眾高呼「曲曉」（神勝利），全場煙霧瀰漫，吼聲震天。旗旛插畢，龐大的樂師隊伍出場，多達五六十人，主要樂器有大法號、腿骨號、嗩吶、銅鈸、羊皮鼓等。樂師就座後，表演才正式開始。

三天的表演內容和程序有嚴格的規定。第一天和第二天的演出內容各有十六段。第一天表演以黑色大神乞丑巴納為主神的「羌姆」（神舞），並以焚燒「多瑪」結束。第二天是以具誓閻王唐青曲傑為主神的「羌姆」，第三天表演六長壽舞等，其後是世俗性娛樂活動。

「羌姆」起源很早，西元八世紀桑耶寺建成慶典上，蓮花生大師結合當時藏地土風舞首創這一形式。經過長期發展，「羌姆」已成為藏傳佛教各教派重要的宗教活動儀軌，各教派的重要寺院都有「羌姆」活動，只是舉行的時間、節日的名稱不同而已。西藏寺院中影響較大的幾個「神舞」節除扎什倫布寺的「斯莫欽波」外，還有昌都寺的「古慶」節、熱振寺的「帕邦塘廓」節以及薩迦寺的冬季大法會、每年歲末的布達拉宮跳神等。

6、拉波堆慶

藏曆九月二十九為「拉波堆慶」（降神節）。相傳，釋迦牟尼成佛後與佛母摩耶夫人傳法，於九月二十九從佛樂勝境來到人間。同時諸神佛也降臨凡塵瞭解民情、巡視黎民百姓對神佛的信仰情況。這天，人們紛紛到寺院朝佛獻祭，焚香轉經，接濟乞丐，廣做善行，祈願神佛保佑萬物生靈，以虔誠的心態和繚繞的桑煙迎接神佛的降臨。

7、白拉日垂

「白拉日垂」意為吉祥天母節，每年藏曆十月舉行，對大昭寺的護法神吉

祥天母進行隆重祭供。關於這個節日的起源，民間有這樣的傳說：

　　大昭寺的守護神母瑪索傑姆有三個女兒。大女兒叫白拉扎姆，二女兒叫東贊傑姆，三女兒叫白拉協姆。三個女兒都很不爭氣，令母親非常氣惱。小女兒白拉協姆一天到晚只知道玩，母親讓她幫忙捉蝨子她都不肯，母親咒她滿身長蝨子，後來白拉協姆神像上滿是小白鼠。二女兒東贊傑姆愛頂嘴，母親咒她沿街討飯，後來東贊傑姆的像被畫在八廓街東南隅的石頭上，靠人們供養為生。大女兒白拉扎姆放縱自己，母親咒她一生不得一個丈夫，即使有也只能一年見一面。母親的詛咒實現了。白拉扎姆的情人是住在拉薩河南岸的赤僕宗贊，兩人每年只能十月十五相會一次。

　　「吉祥天母節」活動從藏曆十月十四開始。這天清晨，人們將大昭寺的吉祥威猛天母（白拉扎姆）像迎請到大昭寺頂圓廊下。於黎明時分沐浴，男女老少前來祭祀供奉，僧眾舉行隆重的祭神儀軌和會供。當天晚上，迎請天母像到覺沃（釋迦牟尼）佛殿，與覺沃佛對坐。藏曆十五旭日東昇時，僧人們用頭頂著天母像來到八廓街，善男信女紛紛向天母敬獻哈達。繼而來到八廓街東北的甘丹大經桿處，由拉薩土地神恰次向天母敬獻哈達、頂戴敬禮。此後至巴廓街東南與天母妹妹東贊傑姆相會，並將天母像面朝拉薩河南岸的赤仆地。與此同時，拉薩河對岸的赤仆地也有僧人將宗讚的塑像面朝北，表示兩相會面之意。儀式結束後返回大昭寺將天母像安放在原來的寶座上。

　　如今，吉祥天母節在民間漸漸演變為一個具有特殊意義的紀念日，成為具有西藏特點的婦女節。婦女們在這一天刻意梳妝打扮，向同事開玩笑索要禮金共同歡度節日，或外出遊玩，到白拉扎姆神像前焚香祈禱，為自己的將來許個好願。

8、甘丹安曲

　　甘丹安曲節又名燃燈節。藏曆十月二十五是藏族佛教格魯派祖師宗喀巴大師圓寂日，西藏各地的寺院和普通人家都點供燈祭奠宗喀巴大師。

拉薩地區夜幕剛剛降臨，八廓街大街小巷隱沒在閃爍的酥油燈海中。桑煙瀰漫，香火繚繞，沿街樓頂上搖曳的酥油燈火苗在微風中舞動，似乎整個世界都掛滿了酥油燈，轉經的人們川流不息，到大昭寺前人們將桑枝一把把投入香爐，許多人把風馬旗撒向空中，以求好運。在昌都地區，人們除家家在房頂、院牆或窗戶邊點燃酥油燈，到就近的寺院拜佛轉經焚燒桑煙外，還有一個習俗，就是當地的兒童在節前兩三天紛紛出門，挨家挨戶去討要錢或食物，留待節日時享用。人們認為，孩子們化來的錢物是宗喀巴大師所賜的福力，面對前來的孩子，每戶人家會或多或少給一些錢物。「安曲」節晚上，兒童們聚在一起，一邊集體唸誦經文讚頌宗喀巴大師，一邊共同享用化來之物，通宵達旦地玩耍。

▌四 娛樂節日

從嚴格意義上講，西藏的大多數節日都具有娛樂性質，肅穆莊嚴的宗教節日也都具有娛神娛人的雙重功能；而所謂「娛樂型」節日，也或多或少帶有宗教的色彩。

1、林卡節

夏日的西藏，陽光明媚，風和日麗，樹木成蔭，草綠花紅。人們習慣從藏曆五月開始走出庭院，到濃蔭密布的林卡或山花爛漫的草坪盡情遊玩，享受大自然的恩賜。五月十五，藏語稱「贊林吉桑」，意為「世界焚香日」（也譯為「世界快樂日」）。相傳這一習俗起源於赤松德贊時期，是為紀念桑耶寺的成功

▲ 拉薩市民在羅布林卡過林卡節。

修建而舉行的盛大焚香祭神活動。這天，各地焚燒香柏枝，逛林卡也達到高潮，故而人們又稱之為林卡節。

在冬長夏短的西藏高原，人們十分珍惜夏季風和日麗的美好時光，整個夏季人們有閒都外出逛林卡，「贊林吉桑」僅是人們逛林卡活動中的一天或開始。有趣的是，現代的五一節、六一節等都已成為林卡節的一部分。十月一日國慶節，拉薩等地的人們取了一個新名：「林秀」，意為林卡節結束日，之後一般不會有人再去逛林卡了，因氣候已逐漸變涼，又快臨近寒冷的冬季了。

林卡節的活動豐富多彩而富有情趣。人們三五成群在林苑內搭建帳篷或拉起圍幔，飲著酒，吃著帶來的豐盛食物，擲骰子、打牌、下棋、打克朗球，各種娛樂形式應有盡有。更多的是飲酒唱歌，歡快起舞。歌聲、歡笑聲不時從座座圍幔內傳出，飄蕩在林苑上空。當夕陽染紅林苑時，搖搖晃晃的人們才哼著小曲相扶而歸。

▲ 人們在龍王潭遊玩。

西藏各地在夏季都有與逛林卡相似的娛樂活動，只是叫法不同。有的地方叫「亞吉」，意為「夏樂」；有的稱「薩列」，「耍壩子」之意；還有的叫「日堆」，即轉山遊玩。如昌都，每年藏曆五六月間，人們攜帶生活用品和足夠的食物，外出安營紮寨，到水草豐茂的草壩或景色優美的山林間盡情玩耍，數日後方才歸家。

2、沐浴節

每年藏曆七月上旬，即棄山星（藏語稱嘎瑪日西，即金星）從出現到隱沒的七日內，西藏各地有一個群眾性的沐浴活動。藏族民間認為，初秋之水有甘、涼、軟、輕、清、不臭、飲不損喉、喝不傷腹八大優點。經棄山星照耀過的水均成藥水，能治病除疾，強身健體，預防百病，因此人們紛紛在這一段時間到河邊、溪畔、泉旁，沐浴潔身。

在拉薩等地，白天，人們在河邊清洗家中的衣物鋪蓋等，洗畢後就地晾曬於河灘上，五顏六色的圖案布滿了河灘，孩子們在一旁嬉戲玩耍；夜幕降臨，皎潔的月光映著河面，棄山星當空出現，人們紛紛脫衣下河，開始聖潔的沐浴，洗去不潔和災病。洗浴完畢各家背起大捆晾乾的衣物，乘著朦朧的夜色儘興而歸。

3、雪頓節

雪頓節，意為酸奶宴會節，是一個古老的節日。由於雪頓節活動內容逐漸演變為以藏戲會演為主，故又稱藏戲節。節日從每年藏曆六月三十至七月上旬，歷時十餘天。傳統的雪頓節活動方式為：藏曆六月二十九，各地藏劇團一早到布達拉宮向主管藏戲的地方政府「孜洽列空」報到，並舉行簡單的表演儀式；然後到羅布林卡向達賴致意，晚上回到哲蚌寺。六月三十，在哲蚌寺舉行展佛活動，然後各劇團聯合演出一天藏戲。七月初一，來自各地的劇團在羅布林卡進行聯合演出。七月初二至初五，由來自江孜、昂仁、南木林、拉薩4個

▲ 雪頓節上，人們在品嚐酸奶。

▲ 藏戲表演（龍王潭）

地方的劇團輪流各演一天戲。節日期間，噶廈地方政府機關放假，全體官員集中在羅布林卡陪達賴看戲；中午噶廈設宴招待全體官員，席間要吃酸奶。拉薩市民和郊區農民著盛裝，帶上吃喝用品前往羅布林卡觀看演出。

現在的雪頓節保留著濃郁的傳統特色，其主要活動仍由展佛拉開序幕，繼而進行長達數日的藏戲表演。所不同的是，在每年的六月三十夜晚，拉薩市政府在布達拉宮廣場或其他文體場館舉行隆重的雪頓節開幕式暨文藝表演活動。

藏曆六月三十清晨天還不亮，來自四面八方的數以萬計前來觀看展佛的僧俗群眾和遊人便匯聚哲蚌寺內外。晨曦初露，在高舉旗旛的儀仗隊的導引下，在低沉雄渾的法號聲中，數百名青壯年喇嘛和信教群眾抬著幾十丈長的巨幅唐卡佛像緩緩走向展佛台。當巨大的唐卡在展佛台上徐徐展開時，法號聲聲，香煙瀰漫，無數潔白的哈達投向展台，數萬善男信女輪番湧到台前觀瞻朝拜，展佛活動持續半天。其間，由藏戲團在展佛台前的平台上表演藏戲。午後，到哲蚌寺噶丹頗章院內繼續表演。展佛期間，人們轉佛堂廟宇，拜佛祖菩薩，許多人還到哲蚌寺後山去轉經朝聖。

在哲蚌寺展佛的同時，藏傳佛教格魯派三大寺之一的色拉寺也在當天展佛。為了方便廣大信眾朝佛，西藏交通旅遊部門每年安排數十輛大巴車開闢專

線免費接送群眾往返色拉寺和哲蚌寺，這一做法受到群眾的廣泛讚譽。

從七月初一開始，羅布林卡內每天都有各藏劇團的精彩藏戲表演，觀眾人山人海。羅布林卡內各種娛樂活動、風味小吃應有盡有。

近年來，為了滿足廣大群眾和遊客觀看藏戲表演的需求，西藏文化部門在龍王潭公園廣場上也安排演出藏戲，由參演的各大劇團輪流在羅布林卡和龍王潭演出藏戲，深受廣大群眾和遊客歡迎。

隨著西藏旅遊業的發展，每年參加雪頓節的海內外遊客越來越多。許多大型經貿和文化活動也在雪頓節期間舉行。如今，雪頓節已成為西藏最具影響力的民族節日盛會。

今天的西藏，人們既過傳統節日也過現代節日，尤其是城鎮居民和機關職工，像元旦、五一勞動節、十一國慶節也都過。西藏各地市還根據各自的文化

▼ 拉薩雪頓節上，哲蚌寺舉行展佛活動。

特色舉辦豐富多彩、特色鮮明的地域性節日。除拉薩的雪頓節和那曲地區的賽馬節外，阿里地區有「象雄文化旅遊節」，至二〇一五年已舉辦六屆。日喀則市則從二〇〇一年開始舉辦「珠峰文化旅遊節」，至二〇一五年已經舉辦了十三屆。山南地區有「雅礱文化節」，現在命名為「中國西藏雅礱文化節」，影響日漸擴大，已連續舉辦多屆。林芝地區有「林芝桃花文化旅遊節」，至二〇一六年三月已經舉辦了十四屆。昌都地區則聯合青海玉樹、四川甘孜、雲南迪慶三個藏族自治州共同輪流舉辦「康巴文化旅遊藝術節」，每四年舉辦一次，從一九九五年第一屆開始已經舉辦了七屆，其中昌都承辦了二〇〇〇年的第三屆和二〇一三年的第七屆。二〇一五年九月，昌都還舉辦了首屆「西藏昌都三

▲ 在拉薩大昭寺南廣場演出傳統藏戲《文成公主》。

▲ 雪頓節上，羅布林卡的藏戲表演

江茶馬文化藝術節」。這些節日，既有濃厚的地域文化特色，又有著強烈的時代氣息。

西藏地區主要節慶表

時間（藏曆）	節慶	盛行區	節日主要內容
一月初一	藏曆新年	西藏各地	最隆重的傳統節日，有趕鬼、吃「古土」、喝「觀顛」、搶水等活動。
一月上旬	傳昭大法會	拉薩	藏語稱「默朗欽姆」。法會期間，四方僧人雲集拉薩。在大昭寺內誦經祈禱，講經辯經，考拉讓巴格西學位。虔誠的信徒們紛紛前來添燈供佛，向眾僧發放布施。
一月十五	酥油花燈節	西藏各地	寺院舉行盛大法會祈願供佛，搭花架，上面擺放以彩色酥油塑成的人物、花卉、鳥獸、吉祥徽等。花燈點燃，宛如群星，五彩繽紛。人們在夜幕降臨之際觀看花燈，高歌起舞，徹夜不眠。
二月	傳昭小法會	拉薩	拉薩三大寺評定格西，並舉行把兩個鬼（由人裝扮）送到拉薩所屬地界之外的「呂貢傑布」儀式。
三月十五	時輪金剛節	西藏各地	紀念釋迦牟尼在此日講授時輪金剛的傳統宗教活動，寺院僧人做彩供、修時輪金剛曼陀羅、誦經等。
四月十五	薩嘎達瓦節	西藏各地	藏曆四月稱「薩嘎達瓦」。釋迦牟尼於此月降生、成道和圓寂，藏族人十分看重此月，不殺生，不吃肉，轉經朝佛，廣行善事。節慶期間，各寺院舉行各種佛事活動，民眾則轉經朝佛，焚燒神煙。

時間（藏曆）	節慶	盛行區	節日主要內容
四月中旬	江孜達瑪節	西藏江孜	後藏江孜一帶的傳統節日，主要活動內容為跑馬射箭。達瑪節一般為期三天，第一天舉行簡單的宗教儀式，並做賽前準備；第二天賽馬；第三天射箭。比賽結束後，人們在近郊林卡歡宴。
五月十五	林卡節	西藏各地	藏語稱「贊林吉桑節」，意為「世界快樂日」。五月初一至十五的半個月裡，人們到林卡中遊樂，十五逛林卡進入高潮。
六月初四	珠巴次西節	西藏各地	藏語稱「珠巴次西」。藏曆六月初四，是釋迦牟尼初轉法輪的日子，僧俗民眾去附近佛寺和神山朝聖，故又稱為「六四轉山節」。轉山結束後，人們在野外搭起帳篷或圍幔，盡情遊玩。
六月十五	仲確節	西藏類烏齊	藏東類烏齊一帶最悠久的節日，即「修行儀軌節」，包括寺院宗教儀式和民間世俗活動兩方面。類烏齊寺從六月十五日開始長達四十五天的法事活動；民間活動主要有商貿、轉寺轉塔和民間歌舞等，最主要活動是轉德青頗章神山。
六月三十至七月初六	雪頓節	拉薩	藏語意為「酸奶宴」，故稱「酸奶節」。雪頓節期間有隆重熱烈的藏戲演出和規模盛大的展佛儀式，別稱「藏戲節」或「展佛節」。

時間（藏曆）	節慶	盛行區	節日主要內容
七月	那曲賽馬會	西藏那曲地區	藏北最主要的節日之一。規模盛大，極為隆重。主要活動是各種形式的賽馬和馬術表演，同時還穿插搬石頭、摔跤比賽、服飾展演等活動。
七月初六至十二	沐浴節	西藏	沐浴節是西藏各地的群眾性沐浴活動，以拉薩地區最具代表性。
（每逢羊年）七月十五	帕邦唐廓節	西藏林周縣	熱振格培林寺僧人進行誦經、祭禮、跳神舞等活動，同時開展商品交換和賽馬、跳舞等活動。
八月初四至初六	斯莫欽波節	西藏日喀則地區	「斯莫欽波」意為「大型表演」，是扎什倫布寺一年一度規模盛大的宗教節日，主要活動是表演密宗金剛神舞，即俗稱的「跳神」。
八月初八至十二	噶爾恰欽	西藏阿里地區	阿里地區以賽馬為主要活動內容的傳統節日。盛會期間還進行大規模的貿易交流活動。牧民用羊絨、犛牛絨、藥材等換取布匹、糖果、日用品等。
九月二十二	降神節	西藏各地	藏語稱「拉波堆慶」。這天，人們紛紛到寺院朝佛獻祭，焚香轉經，接濟乞丐，廣做善行，祈願神佛保佑萬物生靈。
十月初一	工布新年	西藏林芝地區	林芝地區的新年，有趕鬼、請狗赴宴、吃「結達」、背水、祭豐收女神等活動。

時間（藏曆）	節慶	盛行區	節日主要內容
十月十四至十五	吉祥天母節	拉薩	藏語稱「白拉日垂」，對大昭寺的吉祥天母進行隆重的祭供，在民間已漸漸演變為女人節。婦女們在這一天刻意梳妝打扮，外出遊玩，到吉祥天母神像前焚香祈禱，為自己許個好願。
十月二十五	燃燈節	西藏各地	藏語稱「甘丹安曲」，該日是藏傳佛教格魯派祖師宗喀巴圓寂日。各地的藏傳佛教寺院和普通人家都點供燈祭奠宗喀巴大師。
十一月十五	冬季大法會	西藏薩迦縣	薩迦寺僧人表演密宗舞，由世俗群眾表演妖魔舞、神兵舞等，並焚燒「朵瑪」。節日期間還舉行商貿活動。
十二月初一	農民新年	西藏日喀則地區	藏語稱「索朗洛薩」，是日喀則地區的新年，時間是藏曆十二月初一，比拉薩地區過藏曆年提前了整整一個月。現在日喀則地區除個別地方外，藏曆新年基本上統一為正月過年。
十二月二十九	驅鬼節	西藏各地	各寺院舉行盛大的跳神活動，家家戶戶掃淨灰塵，驅除邪祟。

第五章

鬥智鬥勇 怡情益智
—— 西藏遊藝競技

西藏遊藝活動的種類多，內容豐富，且歷史久遠。

早在遠古時代，藏族先民便在實踐中創造了許多與生產勞動密切相關的遊藝形式，如射箭、拋石等。吐蕃時代，藏族的遊藝活動已經得到了很大發展，藏文史料和西藏寺院、宮殿的壁畫都有記載和生動的反映。當時的遊藝形式有下棋、打馬球（波羅球）、騎射、賽跑、角力等，還有許多雜技類遊藝。在桑耶寺烏孜大殿東門內左側迴廊和中層迴廊上，至今仍有反映當時競技和遊藝的壁畫，內容有舉重、射箭、摔跤、賽跑和賽馬等。值得一提的是吐蕃的打馬球活動，當時在吐蕃十分流行，且有很高的競技水平。馬球傳入長安，成為唐朝風靡一時的體育競技活動。唐朝時漢地雜技傳入吐蕃和吐蕃馬球傳入長安，不僅豐富了各自的娛樂方式，還是漢藏民族友好交往、互相學習、互相影響的生動例證。

經過千百年的發展，藏族的遊藝已形成了以騎射、角力、棋藝、田徑和智謎等為代表的綜合性娛樂方式。

▍一　民間競技

藏族的民間競技活動主要有騎射競技、角力競技和田徑競技三大類別，活動形式有賽馬和馬術、賽犛牛、射箭、抱石、摔跤、拔河、賽跑等，形式多樣，內容豐富，極富民族特色。

1、賽馬與馬術

賽馬是藏族民間最古老和最盛行的競技活動和娛樂方式之一。藏族社會賽馬活動的興盛有著深刻的社會與歷史文化根源。藏族是一個善騎射的民族，古

▲ 體育競技（桑耶寺壁畫）

代以能騎善射、民風強悍著稱。吐蕃時代，藏族鐵騎四處征戰，曾北進西域，南抵印度，東臨唐境，征南詔，占隴右，躍馬橫刀於青藏高原。騎射之術是藏族古代男子必備的基本技能。《漢藏史集》一書中記載了藏族男子的九種技藝和九種遊藝，包括射箭、拋石、跳躍、擲骰子、下棋、測算、賽跑、拋套索、游泳等技能。藏族長篇英雄史詩《格薩爾王傳》中，有一部專門講述少年格薩爾通過賽馬比賽獲得王位的篇章「賽馬稱王」。賽馬活動最初產生於藏族古代部落社會，歷經千百年的傳承發展，至今仍是最受人們喜愛的競技娛樂活動。

藏族賽馬有豐富的文化內涵，從相馬、馴馬到賽馬有一系列禮俗活動。

藏族善於相馬，有一套從實踐中總結出的選擇馬匹優劣的方法。根據馬的口齒、體型、毛質、步態等，將馬分為其林（音譯）、甲達、都瓦、母慶、如歐等五類。

長相：上等的鳳凰臉型，中等的山羊面孔和下等的鹿子臉蛋。

腿型：優等的牛腿、次等的鹿腿和劣等的山羊腿。

蹄型：上部美觀像木碗，邊沿磨損似銅花瓣，陡直短小如鐵豬蹄，以上三種蹄型的馬最佳。四邊捲縮蹄心無凹陷，蹄面平平無後踵，周圍無邊又圓滑，此三種蹄型馬較差。四彎三直的蹄型，數中流馬。

馬的口齒：像野騾齒、綿羊齒、驢齒的奉為上三等；像駱駝齒、犬牙、牛齒的視為下三等；像虎牙的，列中等。

毛質：毛粗且長似鹿毛或短而壯似虎毛的視為最佳，軟且長似狐毛的欠佳，短似熊毛的視為最差，毛似驢毛不軟不剛的算中等。

按用途主要將馬匹分為走馬和跑馬，其選取又有不同。

頭長，頭頂與鼻子之間窄狹而鼻梁略凸，圓鼻孔，眼睛黑亮略帶三角形，頭頂凸又高，雙耳高聳而薄，肩胛骨大，外肋及髖部寬又大，四蹄高厚，脖子細長，鬃豐而長，尾稀而長，前腿像箭一般直，而後腿像弓一樣彎曲，步伐穩健的白色或紅色駿馬。符合以上特徵的用作走馬。

▲ 阿里地區改則賽馬節

四肢粗大，胸部寬大，尾骨短小，頸部粗，骨節圓，四蹄大的駿馬，則為跑馬之材。

各地馴賽馬都有一套行之有效的獨特調教方法。

藏北草原的牧民十分重視賽馬活動，早早就著手準備。參賽的馬不再用於生產勞動，以使其養精蓄銳。在冬季三九寒天（專指藏曆十月二十九、十一月二十九和十二月二十九這三天）的上午，要給馬洗冷水澡。牧民們認為，這樣夏季賽馬時，馬會跑得快，奔跑時呼吸不困難。為了比賽時不影響呼吸，一般不給賽馬喂特別精的飼料，尤其

▲ 藏曆八月，當雄草原舉行「達瑪節」（賽馬會），牧民在表演「飛馬撿哈達」。

不能喂油膩食品，馬的最佳飲料是在山羊奶中放冰糖。快到夏天的時候開始馴馬，訓練要循序漸進，每隔一週練跑一次，每次跑完都要給馬洗冷水澡。臨近比賽的最後一週，練跑頻率增加，上、下午各跑一次，完畢淋浴一番，洗完後要用羊毛氈將馬身裹好保暖。賽馬在整個比賽期間除了上場比賽，其餘時間全部包在氈子裡。當雄地區在參賽前四十天到兩個月時間內，每天深夜把賽馬浸泡在冰冷的河水裡，次日凌晨才遛馬，給馬梳洗。經冰水浸過的駿馬，骨骼清奇、跑勢凌厲、富有耐力。

賽馬的形式主要有速跑和走馬兩大類，速跑主要看速度，以先到終點為勝。走馬既要看速度，又要看馬的步態，要求步伐平穩、四蹄不亂。

賽馬時，不僅比馬，還有比人馬協同配合的馬術比賽。馬術比賽的主要形式有馬上倒立、馬上直立、仰睡、馬上跳躍、拾哈達、敬青稞酒和馬上射箭、

射擊等。

2、賽犛牛

犛牛是青藏高原特有的體型高大的動物，自從被藏族先民馴養為家畜後，便與人們的生產生活密不可分。人們耕種離不開犛牛犁地，搬遷離不開犛牛駝運，日常生活離不開犛牛的皮、毛、肉、奶及其製品。可以說，犛牛為藏族人提供了衣食住行所需的一切物質材料。

犛牛不僅給藏族人提供物質產品，還給藏族人帶來精神享受和愉悅。在重大節日和大型聚會場合，賽犛牛成為藏族人重要的娛樂方式。

賽犛牛同賽馬的競賽規則大致相同，以比速度先到終點為勝。不同的是，犛牛賽的賽程短，一般為二百米左右，且犛牛性野，不易調服，容易在場上「違規」，不是將騎手掀翻在地，就是胡亂衝入人群。競賽前，騎手用綵線綵綢將犛牛打扮一新，兩隻高挑的牛角上還用塗為彩色的牛尾和鷹羽裝飾，在牛背上安放騎鞍。比賽時，當發令員一聲令下，群牛齊出，在騎手的指揮和催促下爭相往前。但是，犛牛一般都無大賽經驗，也不像馬一樣與人配合默契，常常不聽騎手的指揮，胡亂衝撞。在觀眾震耳欲聾的呼喊聲中，在騎手焦急的催促下，犛牛得到的往往不是奮勇爭先的鼓勵，而是壓抑已久的野性復甦。他們東突西撞，撅屁股、擰脖子、掀尾巴、騰跳起躍。許多騎手經不住犛牛撅、騰、掀、擰招式的折騰，還未到終點就被摔下牛背，失去奪冠的機會。有的犛牛駝著騎手直接衝入觀戰的人群，引來觀眾的驚呼和躲避，引來更多的則是觀眾的笑聲。賽牛場上，氣氛熱烈，觀眾情緒高漲，歡笑聲不絕於耳。獲勝的騎手和犛牛都會得到獎勵。犛牛的獎勵通常是給它披紅掛綵，以彰顯優勝者的榮譽。

賽犛牛至今仍是人們十分喜愛的趣味性很強的競技活動。在雪頓節、運動會等大型場合，賽犛牛常作為競技和娛樂項目之一，為節日增添歡樂與喜慶。

3、射箭

射箭是藏族男子必備的技能之一，射箭比賽過去是藏族男子的「專利」。藏族的射箭比賽以稱為「碧秀」（響箭）的形式最為著名。「碧秀」過去主要流行於林芝地區，現在已是西藏頗負盛名的傳統競技項目。

響箭的原理主要在於箭頭的構造。一般的箭頭為鐵質實心，而響箭的箭頭為木質圓錐形，箭頭上鑽有幾個小孔（多為 4 個），箭離弦後因空氣振盪而發出尖利的叫聲。「碧秀」比賽，當射手張弓舉箭勁射時，離弦的箭帶著尖利的呼嘯聲射向目標，頓時賽場上迴蕩著響箭特有的聲響，令人緊張和興奮。響箭比賽分長距離賽和短距離賽，短距離賽比准，長距離賽比遠和准。

4、抱石

抱石藏語稱為「朵加」，這是一項已有一千多年歷史的古老競技活動，在吐蕃時代就已流行，一直沿襲至今。在桑耶寺壁畫中，有專門反映抱石活動的場面：畫面上有四個人同時參加抱石競賽，但動作各異。一人正準備從地上抱石，兩人已將石頭抱於胸前，一人已將石頭扛上肩部，眉開眼笑，好像他已勝券在握。四位參賽者皆禿頭，外穿長袍，繫腰帶，內著緊腿褲，腳穿長筒靴。兩名頭戴盔帽，身穿長袍的裁判在一旁仔細觀看。

抱石比賽所用的石頭多為橢圓形，有大小和重量不同的多個型號，往往還要在石頭上抹酥油以增加比賽難度。比賽時，賽手先躬腰抓握石頭，屏息提神，調整好姿勢，將石頭抱至雙腿上，然後掌握好角度，挺身將石頭舉到肩膀上，要求賽手身體不得晃動，保持挺直姿勢，然後將石頭平穩地放回地面。由於石頭抹有酥油，易打滑，抱石過程中石頭滑手，可以再次抱石，但對成績有一定影響。如果石頭舉過肩部，但身體不穩，或放石時不是平穩地用手放下，而是拋下，仍然影響成績。比賽的勝負以所抱石頭的重量多少決定，如果參賽選手舉起了同樣重量的石頭，則要參考抱石過程中是否有失誤，以此確定優勝者。「朵加」活動現在常作為運動會的比賽或表演項目。

5、拋石

藏族的拋石活動形式多樣，各地在比賽規則和活動形式方面有所不同。阿里一帶流行插上代表將軍和士兵的石塊作標靶的拋石項目，後藏地區流行插上「阿力」作標靶的投石比賽，山南等地流行插上犛牛犄角作靶的比賽，還有各地壘石作標進行的比賽，更有極富民族特色的用「烏爾朵」拋石器進行的比賽，等等。拋石是一項具有廣泛群眾基礎的競技項目。

「烏爾朵」是藏語音譯，意為「飛石索」，用毛線編結而成。「烏爾朵」本是狩獵和放牧牛羊時使用的工具，現在放牧時仍廣泛使用，並成為頗具藏族特色的一個傳統競技項目。

「烏爾朵」呈帶形，長約二米，兩端窄而中部寬。正中是一寬約四釐米、長約八釐米的橢圓型寬帶，用以包放投擲的石頭。繩的一端有套圈，使用時可將右手的食指套於圈內。比賽時，選手站成一排，將「烏爾朵」對折，夾石於繩的正中寬帶內，扣食指於套圈，並用拇指壓住，無套圈的另一端夾在食指和中指之間，然後舉起「烏爾朵」在身旁均勻揮動成弧形，速度由慢而快，發出「呼呼」聲響，當旋轉速度足夠高時，對準目標，猛將夾在食指和中指之間的一端放開，石頭在慣性作用下呈弧線拋擲出去直擊目標。「烏爾朵」比賽以擲遠或擲準為判斷勝負的標準。擲準比賽時，一般設靶於百米開外，參賽選手按順序輪流拋石，拋石次數一般為二至三次，以擊中靶子為勝。若一輪下來有多人擊中，則進行第二次競技，將未擊中者淘汰出局，從而產生優勝者。擲遠比賽時，一次定勝負，以拋擲遠者為勝，依次給以獎勵。

6、摔跤

摔跤，藏語稱為「北嘎」，這也是一種鬥智鬥勇的角力比賽。藏式摔跤歷史久遠，在許多寺院的壁畫中都有反映摔跤活動的內容，其中，尤以桑耶寺壁畫最為著名。根據壁畫描繪的場景，當時的摔跤雖然也是二人對抗進行的比賽，但比賽時是幾對選手同時進行，畫面上共有十二人分六組同時比賽。參賽

選手一方著紅色短褲，一方著白色短褲，均跣足。比賽雙方均全力以赴，緊張搏鬥。有的打得不可開交；有的剛開始交手；有的則已分勝負。比賽時設有兩名裁判，身穿藏式長袍。一名裁判手拿著有藏文「1」字的木牌站立於方桌上，另一名裁判手持「2」號木牌立於桌旁，仔細觀看選手的競賽，以便給獲得第一、二名選手頒發獲獎憑證。此外，還有三名婦女手持哈達，準備獻給優勝者。周圍的觀戰者興高采烈，手舞足蹈，評頭論足。整個壁畫，把當時摔跤的場景描繪得逼真傳神，惟妙惟肖。

今天的藏式摔跤接近柔道。選手著藏袍，繫寬腰帶，比賽時各自摟住對方腰部，用手和腰部的力量將對手摔倒，不能用腿腳蹬踢，以摔倒對手為勝。

7、拔河

藏族各地的拔河賽形式不同，而以稱為「押架」的拔河賽最具特色。「押架」拔河又稱為「大象拔河」，已有幾百年的歷史。有雙人比賽和四人比賽兩種形式。如為雙人比賽，取一根粗索，兩端綰圈，參賽的兩名選手各自將繩索從襠間穿過，經過腹部，將圈套於脖頸上。比賽時，雙手著地，身體呈俯臥狀，手腳並用往前拉爬，直到把對手拉過中線。如為四人比賽（雙方各為兩人），比賽形式相同，只是在繩索的兩端分別接出一根繩，使繩索的兩端分別有兩股繩，長度一致，同樣綰圈。比賽時參賽雙方的兩位選手平行俯臥於地，同時用力，合力將對手雙方拉過中線為勝。「押架」拔河不是直接用手拉繩，靠的是脖頸和身體的力量，手腳只起輔助作用。「押架」是很受群眾歡迎的競技遊藝活動。

8、賽跑

賽跑是古代藏族男子「九藝」之一，是民間盛行的競技活動。同藏式摔跤、抱石和賽馬等傳統競技一樣，賽跑也是歷史久遠的競技形式。桑耶寺壁畫中描繪了古人賽跑的場面：有十四人參加比賽，分別穿紅、白、綠三色短褲，

戴帽跣足，你追我趕，爭先恐後。有的選手邊跑邊喊，有的左顧右盼似在尋找同伴，有的因搶跑道發生爭吵而引起裁判的注意。整個畫面生動形象地展現了競爭激烈的賽跑場面。藏族民間舉行的賽跑比賽，各地沒有固定的規則，比賽距離的長短因時因地而異，主要比速度和耐力。在設定的距離內，以先到達終點為勝。

藏族的傳統競技活動還有許多形式，如跳高、跳遠、游泳、攀索、鬥牛等，西藏各地大至一個地區，小至一個村寨都有一些帶有濃厚地域色彩的民間競技活動，極大地豐富了藏族傳統體育競技活動，成為藏族優秀文化遺產的一部分。

二　民間遊藝

唱歌、跳舞是藏族民間娛樂活動的重要形式和內容。除此之外，藏族還有許多遊藝娛樂方式，常見的有下棋、打克朗球、擲骰、放風箏、猜謎、踢毽等鬥智鬥勇的遊藝。

1、二王棋

二王棋，是在藏族民間廣泛流行的娛樂形式，各地稱呼有所不同，拉薩地區稱之為「傑布堅增」，意為「王之爭勝」；日喀則稱「達孜魯孜」，意為「虎羊之玩」，林芝地區叫「傑布堅聯」，即「王之爭王」之意。玩棋不受條件限制，畫棋盤於地，以小石子為棋子，在節日或勞作閒暇，茶餘飯後，可隨時隨地進行比賽。下棋時，有三種形式略有不同的棋盤。

第一種是畫縱橫線各五條、斜線六條，在中央軸線端畫一個內有十字的倒置三角形，作為「王宮」或「虎穴」。第二種是棋盤畫法相同，唯兩側中軸線各有一「王宮」或「虎穴」。第三種是將棋盤畫成縱橫線各九條、斜線十四條，四方中軸線各有一「王宮」或「虎穴」，共四個王宮（虎穴）。三種棋盤下法相同。兵（羊）有兩種布局法：一是把兵（羊）全部沿邊緣線布好；二是先在邊緣內田字處布下若干兵（羊），其餘兵（羊）握在手裡堵王。王（虎）居中心點，跳一步用一線雙頭平衡一擔挑的辦法吃兵（羊）。王（虎）被堵時只許在一路，兵每輪只走一步。如王（虎）將兵（羊）吃盡或使剩下的兵（羊）無力堵王（虎）或無力將其逼入王宮（虎穴）時，王（虎）方即為勝；反之，兵（羊）將王（虎）圍進王宮（虎穴）即勝。

2、藏圍棋

藏圍棋，藏語稱為「密芒」。「密」的意思是「眼睛」，「芒」為「眾多」，

故「密芒」被人稱為「多目棋」或「多眼棋」。

藏圍棋棋盤上有縱橫十七條線路（289 目），與縱橫十九條線路的現代圍棋有一定差別。競賽雙方各執白、黑棋子。在比賽規則上，藏圍棋每局均由執白棋的一方先走。何人執白由競賽雙方賽前猜選：一方抓一把棋子讓對方猜單、雙，猜對者執白棋，猜錯則執黑棋。一局賽完後，下一局便輪換執白。對弈前，先在棋盤上交叉擺放黑、白棋子各六枚，然後開始下棋，因而藏圍棋不讓子，如果雙方實力懸殊，通過「貼目」辦法解決。具體「貼目」多少由雙方對局前商定。藏圍棋可兩人對下，也可多人分成兩方對下，同一方可共同商定對策和戰術，如當天賽不完可封盤次日繼續下，直到決出勝負。藏圍棋是一種高級鬥智娛樂項目。

3、擲骰子

擲骰子藏語稱為「秀紐」，是民間十分盛行的遊戲活動。在藏族古代，擲骰子本不是娛樂活動，是占卜打卦的重要形式，尤其在吐蕃時代十分盛行。後來，擲骰子逐漸演變為一種娛樂形式，從神壇走向民間，成為男子必備的「九藝」之一。

擲骰子所用的骰子一般為骨製品，為大小約一釐米的正方體，有六面，每面分別刻有一至六個排列有序的圓點，代表不同的數字。擲骰時所需的器具簡單：一對骰子，一個木碗，一個圓形皮製軟墊，軟墊直徑約二十釐米，墊內填塞有一定彈性的牛羊毛、氈子等物；一些計數物（藏語稱為「踵布」），海貝、豆粒或小石子，以海貝為佳，數量最好一〇八枚；區別物（藏語稱為「拉吉」），需三種各九枚，以顏色或形狀區分，常用藏幣、銅板或金屬圈充任。

擲骰遊戲一般三人玩，也可二人、四人或六人玩。四人是二人的變化形式，六人則是三人的變化形式，以對家為一組。玩擲骰遊戲時，人們先鋪墊子於地，將皮質骰墊置於中央，旁放木碗和骰子，周圍擺放一圈計數物「踵布」，玩者盤腿坐於墊上圍成一圈，每人撿九枚「拉吉」，然後按順時針方向

▲ 擲骰子

輪流將骰子放入木碗內旋轉後扣於骰墊上，根據骰子顯示的點數從頭撥數同等數量的「踵布」，並在此點位置上放置「拉吉」，這樣輪流擲骰子直到「拉吉」下完，誰先將自己的九枚「拉吉」走至一〇八個「踵布」的盡頭即為勝者。角逐期間，可互相廝殺，互相碰吃，或退回起點，或停賽一輪，精彩激烈。擲骰遊戲玩者均為男性，玩時大呼小叫，極為投入，氣氛熱烈。許多人邊擲骰子邊唱骰子詞，詼諧幽默。由於擲骰遊戲簡單易學，不受時間、地點、人數和環境條件的限制，是人們在勞作閒暇時最常見的遊戲方式。

4、放風箏

　　放風箏是西藏拉薩和日喀則一帶流行的季節性娛樂活動，以拉薩地區最為盛行。

　　風箏，拉薩話稱為「企畢」，意為「飛鷹」；書面語稱「秀恰」，類似於漢

語的「紙鳶」。傳統的風箏均為自己製作，多用竹篾作骨架，用藏宣紙糊就，呈菱形，多為白色。風箏線軸轆像個車輪，故稱「闊羅」，用小圓木和木板做成，有軸心和軸桿，風箏線纏繞在軸轆上。藏族放風箏時多為互相「打架」，因此對風箏線極為重視，往往要在結實的絲棉線上再塗抹一層玻璃膠，故有人稱風箏線為玻璃線。玻璃膠的製作是用糌粑、豬皮、鰾膠、細玻璃碴兒與溫水攪拌均勻而成，放風箏前在線上塗抹一層玻璃膠，使線結實而鋒利，有利於在風箏斗架時割斷對方的風箏線而取勝。

藏族放風箏很講究季節，一般是在「望果節」之後、約八月至十月的秋季。此時的西藏天高氣爽，秋風習習，正是農民秋收打場季節。人們認為放風箏可引來大風，利於打場脫粒，因而鼓勵大家盡情地放風箏。但是，如果「望果節」之前放，會早早將風招來，到麥收揚場時風力就不足，會嚴重影響打場的進度和質量。因此，早放風箏會招來農民的不滿甚至唾罵，人們都會自覺遵守這一習俗和禁忌，抓住每年秋收時節的幾個月盡情放飛。

人們過去放風箏一般是在自家屋頂平臺上，也有在廣闊的原野上放飛的。既有自己放飛取樂，但更多的是放風箏打架的，尤其是青少年和孩子們，放風箏總會與人交戰爭鬥。風箏交戰有許多技巧，重要的一條是要設法將自己的風箏線壓住對方的風箏線，這樣就搶占了制高點，掌握了主動權，容易將對方的風箏線割斷。人們放風箏常常忘了吃飯和休息，樂此不疲，沉浸在極度的興奮和快樂之中。至今，放風箏仍是人們十分喜愛的活動，風箏的種類、形式更加豐富。

藏族兒童遊戲很多，比如找牛犢、猜謎語、騎牛羊賽跑等。

今天，藏族優秀的傳統遊藝形式得到了繼承和重視，許多傳統形式如賽馬、馬術、摔跤、射箭、抱石等被列為各級運動會的比賽或表演項目，新的競技和娛樂方式如登山、現代球類和田徑等，豐富著人們的業餘生活。總之，現在的遊藝競技形式更加豐富，傳統與現代並存，活動的內容更精彩。

主要參考資料

巴・賽囊著：《巴協》（藏文），民族出版社，1980 年；佟錦華、黃布凡譯註，四川民族出版社，1990 年。

達倉宗巴・班覺桑布：《漢藏史集》（藏文），四川民族出版社，1985 年。陳慶英譯：《漢藏史集 —— 賢者喜樂瞻部洲明鑒》，西藏人民出版社，1986 年。

《幫錦梅朵》編輯部編：《西藏民俗精選本》（藏文），民族出版社，1999 年。

次仁曲培著：《藏食菜譜》（藏文），西藏人民出版社，1993 年。

[奧地利] 內貝斯基著，謝繼勝譯：《西藏的神靈和鬼怪》，西藏人民出版社，1993 年。

《西藏研究》編輯部：《西藏志、衛藏通志》，西藏人民出版社，1982 年。

西藏社會歷史調查資料叢刊編輯組：《藏族社會歷史調查》（1-6 集）、《門巴族社會歷史調查》（1-2 集）、《珞巴族社會歷史調查》（1-2 集），西藏人民出版社。

關東昇主編：《中國民族文化大觀・藏族、門巴族、珞巴族》，中國大百科全書出版社，1995 年。

赤列曲札著：《西藏風土誌》，西藏人民出版社，1982 年。

丹珠昂奔著：《藏族神靈論》，中國社會科學出版社，1990 年。

霍巍著：《西藏古代墓葬制度史》，四川人民出版社，1995 年。

格勒等著：《藏北牧民 —— 西藏那曲地區社會歷史調查》，中國藏學出版社，
1993 年。

中國藏學研究中心社會經濟研究所編：《西藏家庭四十年變遷 —— 西藏百戶
家庭調查報告》，中國藏學出版社，1996 年。

王貴著：《藏族人名研究》，民族出版社，1991 年。

李光文等主編：《西藏昌都 —— 歷史‧傳統‧現代化》，重慶出版社，2000
年。

才讓著：《藏傳佛教信仰與民俗》，民族出版社，1999 年。

羅桑丹增等著：《藏族民俗》，巴蜀書社，2003 年。

李濤等著：《西藏民俗》，五洲傳播出版社，2002 年。

張宗顯等著：《西藏民俗》，甘肅人民出版社，2004 年。

陳立明等著：《西藏民俗文化》，中國藏學出版社，2010 年。

昌明文庫·悅讀中國 A0607003

西藏民俗

作　　者	陳立明
版權策畫	李煥芹

發 行 人	林慶彰
總 經 理	梁錦興
總 編 輯	張晏瑞
編 輯 所	萬卷樓圖書股份有限公司
排　　版	菩薩蠻數位文化有限公司
印　　刷	百通科技股份有限公司
封面設計	菩薩蠻數位文化有限公司

出　　版　昌明文化有限公司

桃園市龜山區中原街 32 號

電話 (02)23216565

發　　行　萬卷樓圖書股份有限公司

臺北市羅斯福路二段 41 號 6 樓之 3

電話 (02)23216565

傳真 (02)23218698

電郵 SERVICE@WANJUAN.COM.TW

大陸經銷

廈門外圖臺灣書店有限公司

　　電郵 JKB188@188.COM

ISBN 978-986-496-436-9

2020 年 11 月初版二刷

2019 年 3 月初版

定價：新臺幣 280 元

如何購買本書：

1. 轉帳購書，請透過以下帳戶

合作金庫銀行 古亭分行

戶名：萬卷樓圖書股份有限公司

帳號：0877717092596

2. 網路購書，請透過萬卷樓網站

網址 WWW.WANJUAN.COM.TW

大量購書，請直接聯繫我們，將有專人為您

服務。客服：(02)23216565 分機 610

如有缺頁、破損或裝訂錯誤，請寄回更換

版權所有·翻印必究

Copyright©2020 by WanJuanLou Books CO., Ltd.

All Right Reserved　　　　Printed in Taiwan

國家圖書館出版品預行編目資料

西藏民俗 / 陳立明著. -- 初版. -- 桃園市：

昌明文化出版；臺北市：萬卷樓發行，

2019.03

　面；　公分

ISBN 978-986-496-436-9(平裝)

1.民俗 2.西藏自治區

676.608　　　　　　　　　108003124

本著作物由五洲傳播出版社授權大龍樹（廈門）文化傳媒有限公司和萬卷樓圖書股份
有限公司（臺灣）共同出版、發行中文繁體字版版權。